DIEZ LEYES IRREFUTABLES

PARA LA DESTRUCCIÓN Y LA RESTAURACIÓN ECONÓMICA

D1491078

ANDRÉS PANASIUK

DIEZ LEYES IRREFUTABLES
PARA LA DESTRUCCIÓN Y LA RESTAURACIÓN ECONÓMICA

UNA HISTORIA DESTINADA A CAMBIAR

PARA SIEMPRE TU FUTURO ECONÓMICO

GRUPO NELSON
Una división de Thomas Nelson Publishers
Desde 1798

NASHVILLE DALLAS MÉXICO DF. RÍO DE JANEIRO

Editora General: *Graciela Lelli*
Adaptación del diseño al español: *Grupo Nivel Uno, Inc.*

ISBN: 978-1-60255-416-0

Impreso en Estados Unidos de América

10 11 12 13 14 HCI 9 8 7 6 5 4 3 2 1

Índice

AGRADECIMIENTOS

Una organización no es nada sin un equipo. Los autores, entonces, somos solamente la cara visible de un grupo de personas altamente capacitadas que nos permiten llevar nuestro mensaje con efectividad a nuestra audiencia.

Por eso, quisiera agradecer de corazón a Grupo Nelson su amistad fiel y comprometida durante tantos años. Con ellos tengo una deuda que jamás olvidaré.

Quisiera dar las gracias a mi propio equipo de trabajo, que tuvo que dar sangre, sudor y lágrimas mientras yo estaba «recluido» escribiendo. A mi buena amiga y compañera de labores la señora Milenka Peña de Denhartog por su invaluable colaboración en la edición de este material, y la inserción de la princesa Madiha en la historia damascena.

A mi esposa Rochelle, verdadera ancla de nuestra familia, por haber desempeñado nuevamente el papel de «viuda a tiempo parcial» ocupándose de mis responsabilidades en el hogar para que yo pudiera entregarte a ti y al resto del continente el regalo de este libro.

Los Pergamínos de Damasco

La crisis imparable

Maurus bar Radhani, de pie e inmóvil como una estatua en la azotea del edificio del lucrativo negocio familiar, giró su cabeza hacia su padre Simeón y, con un gesto de incredulidad, clavó la mirada en los profundos ojos color miel que lo vieron nacer.

Sin pronunciar palabra, su expresión lo dijo todo: la entrada de las tropas del general Khalid ibn al-Walid a Damasco en ese cálido día de septiembre cambiaría inexorablemente todas las reglas de juego. En lo profundo de su alma sentía la incertidumbre que provoca experimentar en carne propia una crisis como nunca antes. Presentía que el traspaso de la ciudad bizantina más importante del Medio Oriente a manos musulmanas conllevaría consecuencias de proporciones históricas.

Maurus tenía toda la razón del mundo. Casi mil cuatrocientos años después, la historia demostró que, para bien o para mal, Damasco nunca fue la misma ciudad... ni siquiera para los habitantes de Bab Tuma: el barrio cristiano donde el clan de los Radhani tenía su casa y su exitoso negocio.

Los ojos de Simeón, sin embargo, expresaban tranquilidad y confianza. Exhibían una serena paz interior. Comunicaban la fortaleza de un hombre que había trabajado durante muchos decenios en levantar un imperio económico con conexiones que iban desde la India y la China hasta España, y desde el Volga hasta las más famosas ciudades del norte de África y la península arábiga.

La razón era clara. Simeón sabía algo que Maurus, en su juventud, todavía ignoraba. Y ese nefasto domingo, 18 de septiembre del año 634, mientras miraba el rostro desconcertado de su hijo, decidió que había llegado la hora de compartir el secreto que la familia había guardado con tanto celo por más de quinientos años.

Levantó su brazo izquierdo y abrazó a su hijo como quien abraza a un viejo compañero de batalla. Y mientras ambos observaban cómo los soldados árabes, después de treinta días de haber sitiado la ciudad, comenzaban a entrar por la Puerta Oriental, en marcha triunfal, por la famosa Calle Recta, le dijo casi susurrando: «El tercer día del mes de octubre, tan pronto como se ponga el sol, te estaré esperando frente al altar de la Iglesia de Mariamyeh. Tengo algo importante que compartir contigo».

Desde allí, cada uno se fue a sus labores preasignadas para asegurarse de que los edificios de la familia y los inmuebles del negocio sobrevivieran al caos inicial que estaban experimentando. Había que decidir qué hacer con las caravanas que debían salir hacia *Sus Al-Aksa*[1] y *Petra*. Había que alimentar a los camellos y almacenar apropiadamente los cargamentos de seda de la China y las espadas de Europa. Tenían que situar a los esclavos del norte de África y guardar las especias que recientemente habían llegado de la India.

Pero en medio de todo el caos que posiblemente se avecinaba y pese a la curiosidad que las palabras de su padre despertaron, Maurus no podía evitar que su atención se viera interrumpida constantemente por la fuerza de sus recuerdos. De repente, su mente traicionaba su concentración llevando a su memoria un par de ojos cautivadores. Los ojos de su amada: su hermosa prometida. Y ajeno por un instante a la conmoción que le rodeaba, se puso a soñar despierto, recordando con cariño el primer encuentro con su bella princesa Madiha.

Lo primero que vio fueron sus ojos. Luego, una leve sonrisa que se vislumbraba tenuemente a través de un delicado velo que se esforzaba sin éxito por cubrir su exquisito perfil. ¿Quién podría predecir que esa bella princesa —hija de uno de los sultanes más queridos y respetados de Alejandría— posaría esos bellos ojos color miel en el hijo de un mercader? Pero así ocurrió. Maurus recordó con su alegría juvenil el ambiente y la cadencia de las caderas de Madiha que se movían al compás del laúd y el *darbuka*. Recordó cómo ella combinaba en su danza elementos y técnicas de varios otros países del Medio Oriente en una perfecta interpretación de las danzas tradicionales de Egipto. Aquella noche sus corazones se entrelazaron al vaivén de aquella melodía.

Sin embargo, lo que selló la relación no fue simplemente la atracción física. Fue haber descubierto que ambos compartían los mismos gustos, los mismos intereses, la misma sensibilidad por el arte, la música... y lo más importante: las mismas creencias y amor por el Creador del universo.

Ahora Maurus se sentía culpable. Él era la razón por la cual Madiha, después de haber atravesado kilómetros de insondables desiertos, se veía detenida en espera indeterminada en medio de una situación inesperada; una crisis imparable que muy pronto también sufriría su ciudad natal. La llegada a Damasco de las tropas musulmanas, después de treinta días de haberla sitiado, cambiaría por completo sus planes de un viaje seguro y directo.

La voz de Simeón sacó a Maurus de su estado de meditación. Había mucho por hacer. Era tiempo de trabajar. De esperar lo mejor... pero prepararse para lo peor.

La invitación misteriosa

El primer lunes de octubre, Maurus salió hacia la calle con paso apresurado y cauteloso. Presentía que algo importante iba a ocurrir esa noche. Mientras el sol se ponía por el lado del monte Hermón, bañando de un color naranja rojizo las calles solitarias con los últimos vestigios de su resplandor, el joven llegó a la esquina y miró a la izquierda. Allí estaba la famosa Puerta Oriental. Giró decididamente en sentido contrario y tomó la Calle Recta hacia la Cardus Maximus, en cuya esquina se hallaba la iglesia.

Sabía que, en las enseñanzas del islam, los cristianos eran considerados «gente del Libro» y, por lo tanto, eran *dimam*[2]: una minoría que debía ser protegida. Sin embargo, a pesar de que era de conocimiento público que cristianos y judíos serían tratados por los invasores mejor que otros, Maurus caminó con suma precaución los poco más de quinientos metros que había hasta la intersección más importante de la ciudad, pues no quería llamar la atención sobre sí mismo.

La Calle Recta (o Derecha) era una obra maestra de ingeniería ciudadana. Tenía veintiséis metros de ancho por un kilómetro y medio de largo. A cada lado se levantaban columnas majestuosas e imponentes acompañadas de un corredor externo, con arcos y techo, donde se ubicaban los mercaderes. La calle tenía una atracción especial que invitaba a la gente a visitarla, a pasear, a conversar y, sobre todo, a comprar algo. Era la versión romana de la calle Lijnbaan, en Rotterdam; Sai Yeung Choi, en Hong Kong o la calle Florida, en la ciudad de Buenos Aires.

Al llegar a la iglesia, su padre ya le estaba esperando cerca de la puerta principal. Le tomó del brazo, le movió hacia un costado, y en medio de la penumbra de un ocaso que comenzaba le dijo:

—Esta noche marcará para ti el comienzo de una nueva vida. Guardarás este día como guardas el día de tu bautismo. Lo honrarás y lo recordarás hasta que Dios, nuestro Señor, te lleve a su presencia.

—Sí, padre —contestó el hijo cada vez más intrigado.

—Esta noche compartiré contigo un secreto que ha estado en nuestra familia desde los tiempos en que el Obispo Ananías vivía en nuestro distrito. Una enseñanza que cambió el rumbo de nuestra historia, revolucionó nuestro pensamiento como mercaderes, restauró nuestra salud económica y transformó nuestro negocio.

Maurus podía sentir en su pecho la intensidad con la que hablaba su padre. Sabía que aquello sería significativo y que estaría relacionado con la forma en que su familia había amasado la inmensa fortuna que tenía en el presente. Muchas veces se había preguntado cómo había sido posible para una familia como la suya el haber avanzado económicamente de una manera tan grande, mucho más allá de lo que sus ancestros hubieran podido imaginar.

—Quiero que, inmediatamente después de la tercera vigilia, vengas completamente solo a verme en la entrada de la Capilla de Ananías. Yo estaré allí con mi guardia. Dios estará con nosotros.

Dicho eso, Simeón dio media vuelta, caminó hacia la iglesia y entró en ella.

El encuentro inesperado

Maurus volvió a su casa, se ocupó de ordenar algunas cosas del negocio y esperó pacientemente a que llegara la medianoche. Al comenzar la tercera vigilia se colocó la túnica de seda púrpura que había traído de Tiatira, que cubría su larga camisa interior, hecha de lino delicado. Se calzó sus sandalias, se cubrió la cabeza y salió a la calle asegurándose de que nadie le seguía.

Dobló a la izquierda en la Calle Recta, y llegó a la calle que lo llevaría hacia la Puerta de Santo Tomás. Volvió a doblar a la izquierda, caminó un par de cientos de metros más y se encontró con la calle en la que se había construido la Capilla de San Ananías, una de las más antiguas de la ciudad.

La hermosa Capilla de San Ananías fue construida en la casa de Judas, donde San Pablo había sido recibido y cuidado después de su encuentro con el Jesús resucitado.

El tenue humo de las lámparas de aceite se mezclaba en esa cálida noche de octubre con el aroma de un otoño que estaba ya casi a las puertas. Y todo eso, a su vez, con el desagradable olor de los residuos dejados en la vereda por los mercaderes después de un arduo día de trabajo.

Pocas veces Maurus había estado en la calle a horas tan tardías. Continuó su travesía tanteando las paredes y ayudado en la penumbra de la noche por el resplandor blanquecino de una luna casi llena que brillaba como nunca. La escena parecía tomada de algún sueño de verano, olvidado en algún rincón del alma hacía mucho tiempo.

La casa de Judas había sido convertida hacía tiempo en una capilla donde feligreses cristianos adoraban a Dios y recordaban a los héroes de la fe que vivieron en Bab Tuma, como San Pablo y Santo Tomás.

Al llegar al frente de la capilla, Simeón, su padre, le estaba esperando; aunque no estaba solo. Junto a la guardia personal de su progenitor se hallaba el Obispo Sofronio, quien solamente un año antes se había convertido en el líder máximo de la iglesia en Jerusalén. Maurus se preguntó cuál sería la razón por la cual el patriarca de Jerusalén volvió a su ciudad natal y lo hizo arriesgando su propia vida, en el más absoluto secreto...

Simeón permitió que su hijo saludara reverentemente al patriarca, luego lo abrazó con cariño y le dijo con ternura:

—Doy gracias a Dios porque mis ojos pueden ver el día en el que tú descubrirás los Pergaminos de Damasco. No siempre los padres de nuestro clan han podido transmitir directamente a sus hijos la sabiduría que se encuentra en estos escritos. Sin embargo, por la gracia de Dios y la disponibilidad del patriarca, hoy podemos comenzar a explorar el contenido de estos manuscritos que yo no he visto desde que tenía tu edad.

—Tu padre ha sido un buen amigo de nuestra familia —dijo con voz afable el conocido patriarca—. Tu familia, Maurus, ha sido profundamente generosa con la iglesia todos estos años... y especialmente conmigo. Eso lo hicieron a pesar de que muchos Radhanitas han elegido amar más al dios del dinero que al Dios verdadero.

—Esas contribuciones —continuó el obispo y maestro— me han ayudado a enseñar la sana doctrina y a combatir herejías que se han difundido por Oriente como fuego sin control. Por eso, cuando tu padre me pidió que viniera hace un par de semanas, estuve dispuesto a arriesgar mi vida con el fin de servirles.

Luego, con un gesto amable dijo:

—Entremos.

Dejando la guardia personal fuera del antiguo edificio, los tres hombres bajaron un par de escalones hasta llegar a lo que parecía haber sido en algún momento la sala principal de una casa con dos habitaciones. Al pasar por debajo del arco de la entrada, Maurus observó las grandes piedras que formaban parte de la pared exterior, y tomó una nota mental de la razón por la que esa casa había sobrevivido a los ataques del tiempo y de tantos eventos catastróficos en los últimos 600 años.

Al pasar por la sala principal, encendieron algunas velas y lámparas de aceite que alumbraron tenuemente su entorno. Luego, se dirigieron directamente hacia el frente y se detuvieron justamente debajo de una pintura que mostraba al apóstol San Pablo siendo bajado en una canasta a través de una ventana cerca de la Puerta de Saturno. Allí, el patriarca de Jerusalén miró a los Radhani y les dijo:

—Maurus, tu padre me ha pedido que tome un tiempo para enseñarte manuscritos muy importantes que fueron creados en un período de cuarenta días después de que el apóstol San Pablo se fuera para siempre de la ciudad de Damasco. Cuando él llegó a esta ciudad ya había hombres y mujeres que amaban el Camino, algunos de ellos muy influyentes, exitosos y educados. La tradición nos dice que aquellos eruditos y mercaderes, discípulos fieles del apóstol, crearon una fraternidad de Mercaderes de Cristo. Su fin era vivir vidas santas en su lugar de trabajo y aplicar a sus negocios las leyes eternas, leyes irrefutables, creadas y establecidas por Dios desde la creación del cielo y la tierra.

»Cuando obedecemos esas leyes eternas, Maurus, prosperamos. Pero no prosperamos solamente en lo económico; prosperamos integralmente: en *todos los aspectos* de nuestra vida. Recuerda las palabras del primer salmo de David, donde se nos dice que el hombre íntegro prosperará en *todo* lo que hace, no solamente en su vida económica. Lo mismo nos dice San Juan en el comienzo de su tercera epístola.

»Eso significa que, a veces, debemos hacer sacrificios que afectarán nuestra vida económica para que otras áreas de nuestra vida puedan prosperar. A veces decidirás trabajar menos para que la relación con tu esposa y con tus hijos prospere. A veces decidirás perder dinero en un negocio turbio para que tu relación con Dios mejore. A veces deberás entregar grandes capitales para ayudar a los necesitados para que tu relación con los pobres se incremente... ¿Me entiendes?»

—Sí, padre —dijo el joven mientras asimilaba una por una cada palabra que el obispo decía.

—Entonces, vamos. Síganme por este pasaje entre la casa y la iglesia. Tengo algo que mostrarte debajo del altar mayor.

El secreto revelado

Ayudados por una luna cada vez más resplandeciente y un par de lámparas que no sabían si quedarse encendidas o no, el grupo de exploradores llegó hasta el altar mayor de la famosa Iglesia de San Ananías. Se inclinaron a un costado del mismo, y aquel hombre que algún día sería llamado San Sofronio les ordenó a Simeón y Maurus de una manera un tanto mundana:

—¡Empujen de esa esquina y giren el altar!

Maurus, sin pensarlo dos veces, se colocó junto a su padre y, a pesar de su propia incredulidad, se puso de rodillas; con muchísimo y reverente cuidado ambos empujaron la esquina derecha del altar, hacia la izquierda. Él nunca pensó que fuera tan fácil mover un altar que parecía pesar toneladas. Todavía estaba cavilando en el asunto cuando el obispo irrumpió diciendo:

—Este altar fue diseñado con el fin específico de guardar y proteger estos escritos. Como dije antes, los originales se escribieron aquí, en Damasco, durante sesiones secretas en pequeños grupos de exitosos mercaderes y maestros de la iglesia. Cada generación de Mercaderes de Cristo y de maestros de la ley, desde hace más de 500 años, ha hecho un pacto de elegir a un representante de cada uno de ellos para que sea el *protector* de la ley y el *instructor* de la ley.

Maurus todavía estaba tratando de comprender lo que significaba todo aquello cuando el obispo de Jerusalén lo miró a los ojos y, con una seguridad con la que pocas veces lo había visto actuar, le reveló el secreto que había albergado en su pecho durante casi toda una vida. El secreto mejor guardado de Damasco.

—Debes saber que en esta generación, Maurus, tu padre es el *protector* de estos pergaminos y yo soy tu *instructor*.

Maurus abrió los ojos como si, de pronto, se le hubiera abierto una puerta a una dimensión desconocida. Para él, su padre era simplemente un excelente hombre de negocios y cabeza de familia, que amaba a Dios, y a quien hacer dinero le resultaba relativamente fácil. Siempre había visto cómo las cosas le salían bien, aunque se suponía que en ciertas ocasiones le tendrían que haber salido mal. Nunca se imaginó que su propio padre...

—No es casualidad que tu padre —dijo el obispo interrumpiendo sus pensamientos—, tus abuelos, los abuelos de tu padre y los abuelos de tus abuelos hayan sido tan exitosos en el mundo del manejo del dinero y los negocios. No es casualidad que al otro lado de cada crisis ellos hayan triunfado; que al otro lado de cada caída se hayan levantado, ¡y lo hayan hecho quedando más sólidos que antes!

—Maurus... —dijo de repente Simeón— con los eventos que acabamos de experimentar en la ciudad, sentimos que el tiempo se nos va de las manos... y las fuerzas también. La verdad es que no sabemos realmente cuánto tiempo más tendremos de vida ni cuándo nuestras fuerzas nos traicionarán frente al infiel.

—Por eso —dijo el patriarca de Jerusalén— ante las actuales circunstancias y después de mucho debate y oración, nuestra comunidad ha decidido elegirte a ti, Maurus bar Radhani, como el *protector* e *instructor* de estas enseñanzas. Creemos que cuanta menos gente sepa dónde están estos venerados pergaminos, será mucho mejor.

—¿Protector? ... ¿Instructor? —comenzó a decir el joven, quien apenas podía creer lo que le estaba pasando.

—Sí. Ambos roles al mismo tiempo —explicó el patriarca—. Sabemos que tienes tus ojos puestos en la ciudad europea de Mainz. Sabemos que quisieras estudiar, conocer nuevos horizontes... pero eso tendrá que esperar. Quizá alguno de tus hijos o los hijos de tus hijos podrán cumplir tu sueño. Por ahora, lo más importante en tu vida es aprender, aplicar y enseñar estas verdades a la siguiente generación de Mercaderes de Cristo.

»Estos doce pergaminos —culminó diciendo el prelado— contienen las diez leyes irrefutables para la destrucción y la restauración económica. Existen otros pergaminos en otras ciudades. Sin embargo, este es el tesoro más preciado que tiene nuestra ciudad: *Los Pergaminos de Damasco*.

La tarea asignada

Maurus bar Radhani miró a su padre carnal y a su padre espiritual con una honesta expresión de desconcierto. Por un lado, sentía que había recibido el regalo más preciado de su vida, y por el otro, que quizá no estaba preparado para cumplir con la tarea que se le estaba encomendando.

Simeón colocó la mano sobre el hombro de su hijo y le dijo con una expresión que le brotó de lo más profundo del alma:

—Hijo mío, a lo largo de toda tu vida te he preparado para este día. Aunque no lo sepas, ese sentimiento de inseguridad que sientes, mezclado con tu profundo compromiso a cumplir el cometido, es exactamente lo que necesitas para ser exitoso.

—El día de hoy comienza tu entrenamiento —agregó Sofronio—. Separarás cuarenta días y cuarenta noches para dedicarlos a esta noble misión. Tu padre volverá a tu casa y les dirá a tus siervos y criados, y también a tu prometida, si es que ella llega a salvo, que has decidido tomar ese tiempo para hacer ayuno y oración; y eso es exactamente lo que harás.

»Durante los próximos cuarenta días —continuó diciendo el líder espiritual— no comerás alimento sólido (aunque tomarás suficiente líquido), y te abstendrás de toda bebida fermentada. Te concentrarás en lo que estudiemos cada noche, y meditarás durante los siguientes cuatro días en las maneras en que aplicarás estas verdades eternas a tu propia vida, al mundo de los negocios y a la economía familiar.

»Al final de los cuarenta días —agregó Simeón— todos mis negocios serán tuyos; y a partir de ese momento representarás al patriarca de Jerusalén como instructor de nuestras reuniones mensuales, a las que comenzarán a asistir los hijos de los miembros de nuestra fraternidad. Tu primera tarea, entonces, será la de aplicar estas enseñanzas a nuestra red de mercaderes; la segunda, será enseñar estas leyes irrefutables a la siguiente generación de empresarios y comerciantes».

Dicho eso, el padre se arrodilló detrás del altar mayor y levantó con cuidado una pequeña piedrecita que estaba escondida en la arena que cubría una canaleta entre dos lozas de mármol. La piedrecita estaba incrustada en el inicio de una fina cadena de oro.

La dorada cadena estaba enlazada con otro eslabón más grande, el cual estaba conectado a una cuerda, que al parecer tenía un tope. Cuando la cuerda llegó a su final, Simeón tiró de ella con fuerza hacia arriba, y levantando lo que parecía la tapa de una puerta que conducía a un sótano, dijo rápidamente:

—¡Vamos! Ha llegado la hora de mostrarte el verdadero tesoro de Damasco, lo que ha hecho de esta ciudad una ciudad de caravanas con los mercaderes más exitosos del mundo.

Bajando unas escaleras perfectamente cortadas en piedra, con una de las lámparas de aceite en sus manos, Maurus alumbró la alcoba. Era una habitación de unos tres metros de largo por tres de ancho y tres de profundidad, completamente cubierta de madera de cedro del Líbano.

El techo dorado había sido enchapado por hábiles orfebres, y sobre las paredes se podían ver doce escudos de oro macizo que representaban a las doce tribus del pueblo de Israel. A su derecha había una mesa simple y plana, también hecha de cedro. En la pared del frente se podía ver una placa de oro puro que tenía inscritas las palabras del libro de Deuteronomio: «...si oyeres atentamente la voz de Jehová tu Dios, para guardar y poner por obra todos sus mandamientos que yo te prescribo hoy, también Jehová tu Dios te exaltará sobre todas las naciones de la tierra» (28.1).

Debajo de la placa, en perfecto orden, se hallaban doce vasijas de arcilla, recubiertas con una exquisita capa de oro repujado que tenía innumerables incrustaciones de piedras preciosas. Las cubiertas se ajustaban a los jarrones con un ingenioso sistema de pasadores a los costados de cada una. Cada jarra, finalmente, tenía una gruesa tapa de cera que aseguraba el sellado hermético de los pergaminos, lo que impedía su contaminación con el polvo y los insectos.

—Yo sé que esta noche —dijo el padre espiritual de Simeón y Maurus mientras bajaba por las mismas escaleras— no podrás conciliar el sueño. Así que, ¿por qué no abrimos la primera vasija, la de la Escritura, y leemos la historia de nuestro Señor en la que están basadas todas las leyes irrefutables que habrás de aprender en los próximos cuarenta días?

Y mientras él todavía hablaba, Simeón procedió a abrir el sello de la primera vasija y, con muchísimo cuidado y reverencia, sacó el Pergamino de la Escritura y se lo pasó al patriarca de Jerusalén. El patriarca, con devoción desenrolló el Pergamino de la Escritura sobre la mesa de cedro y comenzó a leer...

En el nombre del Padre, del Hijo y del Espíritu Santo...

Jesús también les dijo:

«Un hombre tenía dos hijos. Un día, el hijo más joven le dijo a su padre: "Papá, dame la parte de tu propiedad que me toca como herencia". Entonces el padre repartió la herencia entre sus dos hijos.

»A los pocos días, el hijo menor vendió lo que su padre le había dado y se fue lejos, a otro país. Allá se dedicó a darse gusto, haciendo lo malo y gastando todo el dinero.

»Ya se había quedado sin nada, cuando comenzó a faltar la comida en aquel país, y el joven empezó a pasar hambre. Entonces buscó trabajo, y el hombre que lo empleó lo mandó a cuidar cerdos en su finca. Al joven le daban ganas de comer aunque fuera la comida con que alimentaban a los cerdos, pero nadie se la daba.

»Por fin comprendió lo tonto que había sido, y pensó: "En la finca de mi padre los trabajadores tienen toda la comida que desean, y yo aquí me estoy muriendo de hambre. Volveré a mi casa, y apenas llegue, le diré a mi padre que me he portado muy mal con Dios y con él. Le diré que no merezco ser su hijo, pero que me dé empleo y que me trate como a cualquiera de sus trabajadores". Entonces regresó a la casa de su padre.

»Cuando todavía estaba lejos, su padre corrió hacia él lleno de amor, y lo recibió con abrazos y besos. El joven empezó a decirle: "¡Papá, me he portado muy mal contra Dios y contra ti! Ya no merezco ser tu hijo".

»Pero antes de que el muchacho terminara de hablar, el padre llamó a los sirvientes y les dijo: "¡Pronto! Traigan la mejor ropa y vístanlo. Pónganle un anillo, y también sandalias. ¡Maten el ternero más gordo y hagamos una gran fiesta, porque mi hijo ha regresado! Es como si hubiera muerto, y ha vuelto a vivir. Se había perdido y lo hemos encontrado".

»Y comenzó la fiesta» (Lucas 15.11-24, TLA).

—Ahora —dijo el obispo al joven aprendiz mientras colocaba cuidadosamente el pergamino nuevamenté en su receptáculo—, ya es tarde y todos debemos ir a descansar. Tú, hijo mío, ve a la habitación que tengo preparada en la casa que está junto a la iglesia, y medita en esta historia hasta que logres conciliar el sueño—. Y mientras salían del sótano secreto y lo cerraban apropiadamente, agregó:

—Nuestro Señor la contó para ilustrar el amor de nuestro Padre celestial para con nosotros, los descarriados. Sin embargo, en su sabiduría, al relatar esta parábola el Gran Maestro también ilustró principios importantísimos para lidiar con dos relevantes situaciones; por un lado, evitar la crisis económica y, por otro, salir de ella exitosamente. Quiero que la consideres desde ese punto de vista. Mañana, a la misma hora, nos encontraremos y abriremos el Pergamino Primero. Veremos la primera ley irrefutable de la destrucción económica.

Dicho eso, cada uno se retiró a su casa y lugar de descanso. Maurus, por supuesto, no pegó un ojo en toda la noche.

Pergamino Primero

La ley del corazón infeliz

C uando llegó la medianoche del día siguiente, el maestro, el guardián y el estudiante se volvieron a encontrar nuevamente frente a la puerta principal de la Iglesia de San Ananías. Esta vez fueron directamente al altar mayor, abrieron la tapa de mármol y bajaron apresuradamente al sótano secreto.

Allí, encendieron un par de lámparas extra, bajaron tres sillas y abrieron con cuidado el sello de la vasija que contenía el Pergamino Primero. Una vez en las manos del patriarca, colocaron el pergamino sobre la mesa de cedro y el maestro comenzó a leer:

—La primera ley irrefutable para la destrucción económica es la «ley del corazón infeliz». Es importante notar que en la parábola que leímos en el Pergamino de la Escritura —continuó leyendo el prelado— este hijo lo tenía todo: tenía una familia que cuidaba de él, una excelente posición económica, siervos que le obedecían, tenía un buen nombre...

—Es cierto —agregó Simeón— incluso tenía un padre que lo amaba, ¡y un hermano... que lo odiaba! ¿Qué más quería?

Y todos respondieron irrumpiendo en sonoras carcajadas... que, si no hubiera sido por lo avanzado de la noche y la profundidad de la habitación, probablemente hubieran sido suficientes para haber sido descubiertos.

—Sin embargo —continuó leyendo el obispo cuando finalmente terminaron de disfrutar el momento...

... aun teniéndolo todo, el muchacho se sentía infeliz: no encontraba la satisfacción personal en su vida. La *ley del corazón infeliz* es un problema que viene aquejando a la humanidad desde los tiempos de Adán y Eva. Pasando por los tiempos de la Torre de Babel. Es la desobediencia al principio universal y eterno del contentamiento.

EL PRINCIPIO DEL CONTENTAMIENTO

La mayoría de los problemas económicos que tienen las familias y los Mercaderes del Reino están directamente relacionados con la violación al principio del contentamiento. Es un principio eterno que los seres humanos tenemos tendencia a olvidarnos de enseñar a nuestros hijos y a los hijos de nuestros hijos. Cuando tus hijos te pregunten: «Padre, ¿qué significa el principio del contentamiento?», tú responderás:

El principio del contentamiento dice que cada uno de nosotros debe aprender a ser feliz en el lugar económico en el que la vida le ha colocado.

—Maurus —dijo el patriarca levantando los ojos del texto y expresando verdadera preocupación por el tema—, muchos de los problemas de deudas que vemos en la actualidad entre los mercaderes y las familias tienen que ver con el hecho de que no se sienten satisfechos: no se sienten felices, no viven *contentos* con lo que tienen. Al tener esa insatisfacción, se comprometen económicamente por encima de sus posibilidades y terminan endeudándose, siendo esclavos de los acreedores y de las instituciones de préstamos. ¿Has notado que tu padre, a pesar de manejar una de las redes de mercaderes más grande del mundo, siempre compra con dinero que él tiene y que nunca pide prestado?

—Ahora que lo menciona... —contestó el joven estudiante.

—Eso es porque tu padre ha desarrollado una profunda madurez de carácter. En su solidez de carácter, él ha decidido desde su juventud que la definición de quién es él no depende de la cantidad de camellos que tenga, lo grande de la casa donde viva o el alto precio que cuesten las túnicas que él viste.

»Por otro lado, la gran mayoría de las personas en este mundo se definen a sí mismas por las cosas que tienen. Su **identidad** está en las cosas. Por eso les resulta tan difícil separarse de ellas cuando llegan los tiempos malos. Están emocionalmente **apegados** a sus propiedades. Cuando llega el momento de la dificultad, no pueden tomar decisiones sabias porque sus sentimientos no les permiten ser objetivos

»Tú debes romper con eso. Debes mirarte a ti mismo como el administrador de los bienes que tienes y no como el "dueño". Eso te permitirá tomar decisiones económicas y de negocios con la frialdad de un administrador, y no con el corazón del que es dueño.

»Tu padre ha sido un gran ejemplo de este tipo de actitud. Cuando tuvo que vivir en humildad y vestir casi como un pordiosero, yo soy testigo de que lo hizo sin perder la felicidad que lleva en lo profundo del corazón. Probablemente tú ni te diste cuenta de las dificultades que pasaba tu familia cuando eras niño, ¿verdad?»

—¿Dificultades? La verdad es que yo nunca supe que nuestra familia estaba en apuros económicos —dijo el hijo sorprendido—. Supe que nos mudamos de una casa a otra y de aquella a esta, donde vivimos ahora... pero yo nunca pensé que mi familia y la palabra «crisis» estaban relacionadas.

El dinero y la felicidad

—Lo que ocurre, mi querido Maurus —dijo el sabio religioso casi cambiando de tema—, es que **tener dinero** es más divertido **que no tenerlo**—. A lo que Maurus respondió con una sonrisa en los labios y Simeón asintió con una mirada pícara en sus ojos.

—¡Claro que lo es! —exclamó el maestro—. Piénsalo: si tienes dinero, puedes construir la casa de tus sueños, puedes tener innumerables esclavos que trabajen para ti, ropa fina, viajes a lugares exóticos del mundo y fiestas regulares con tus amigos. Siempre, tener dinero es más divertido que no tenerlo.

Sofronio hizo una breve pausa de silencio, le miró a los ojos, y con la voz del que desea lo mejor para su propio hijo explicó:

—Sin embargo, Maurus, nunca deberías confundir **diversión** con **felicidad**. «Diversión» es una cosa. «Felicidad» es otra totalmente diferente. «Felicidad» es un estado del alma. Es una expresión de la condición de tu corazón. «Felicidad» es lo que ha permitido a tantos mártires cristianos entonar canciones a pesar de estar encadenados en lo profundo de una prisión romana.

»"Felicidad" no tiene nada que ver con la cantidad de bienes materiales que posees. Tú puedes ser el hombre más pobre del mundo y aun así puedes ser feliz.

»Además, la "felicidad" es una decisión **personal**. Yo no puedo tomar esa decisión por ti. Tú debes decidir hoy mismo ser feliz. Quien tiene las llaves de la felicidad en tu vida eres tú. Tú eres quien debe decidir, antes de salir de este lugar, que vas a ser feliz con lo que tienes: con las posesiones que tienes, con los negocios que tienes, con la vida que tienes, con la relación que tienes...

»Debes aprender a ser feliz con lo que la vida te ha dado en el presente. Si el año que viene tienes más, ¡pues magnífico!, y si tienes menos...»

—¡Te quejas! —dijo Simeón para romper con un poco de humor ese momento de intensidad.

Después de que todos pasaran un momento de risas y comentarios, el obispo miró nuevamente a su alumno y le dijo con honestidad en el corazón:

—Eso tampoco debe quitarte el gozo de vivir. Aprender a ser feliz y disfrutar de las cosas que poseemos nos permitirá evitar comprar cosas que no necesitamos, con dinero que no tenemos, ¡para impresionar a gente que ni siquiera nos cae bien!

Una expresión que el resto del grupo celebró nuevamente a carcajadas.

Contentamiento no es conformismo

Habiendo terminado sus comentarios, el instructor comenzó a leer nuevamente del pergamino:

Ninguna persona en el mundo puede llegar a ser realmente rica y exitosa si primero no ha vencido la ley del corazón infeliz, aplicando a su vida el principio del contentamiento. Por esa razón, en el mundo de la política y de los negocios existen tantos «ricos pobres» (personas que aparentan tener fortunas pero están profundamente endeudadas) y tantos que, cuando vemos sus vidas, decimos: ¡pobre rico!

Presta atención a los siguientes proverbios:

La vida del hombre no consiste en la abundancia de los bienes que posee (Lucas 12.15).

El dinero es un muy buen esclavo, pero es un mal amo.[1]

Hay cinco cosas que el dinero no puede comprar:
El dinero puede comprar una casa,
    Pero no puede construir un hogar.
El dinero puede comprar una cama,
    Pero no puede darte el sueño.
El dinero puede comprar un reloj,
    Pero no puede comprar más tiempo de vida.
El dinero puede comprar educación,
    Pero no puede comprar sabiduría.
El dinero puede comprar mujeres de la vida,
    Pero no puede comprar amor.[2]

Amado, en otro orden de cosas, es muy importante resaltar que para vencer la ley del corazón infeliz te estamos instruyendo en el concepto del contentamiento y no del conformismo. Estar contentos con nuestra posición en la sociedad no significa que debamos tener una actitud conformista con respecto a ella.

El conformista se amolda a su miseria y se da por vencido frente a la primera señal de oposición o frente a la crisis que se le avecina. Nosotros nunca debemos ser así. Nosotros debemos perseverar hasta triunfar, buscando siempre mejorar el nivel de excelencia con el cual vivimos.

Sin embargo, vivir contentos significa aprender a encontrar la felicidad en cada etapa económica de la vida: cuando tenemos poco y cuando tenemos mucho, cuando los tiempos son buenos y cuando son malos, en abundancia y en necesidad; porque, como nos enseñara Saulo de Tarso, «todo lo podemos en Cristo que nos fortalece» (adaptado de Filipenses 4.13).

La tarea más importante de la vida

Además, debes recordar que la tarea más importante en la vida es, precisamente, vivir; y vivir para la gloria de Dios.

Debes aprender a vivir... y a vivir abundantemente.

Para ser feliz a pesar de las circunstancias y aprender a disfrutar de tu vida en forma abundante, debes saber la diferencia entre las cosas trascendentes y las intrascendentes.

Las cosas trascendentes son las cosas que vivirán más allá de tu propia existencia: tu legado, lo que siembres en las vidas de tus hijos, el amor, tus relaciones personales, tu relación con Dios...

Las cosas intrascendentes son aquellas que no serán relevantes más allá de tu propia existencia: el dinero, tus posesiones, tus estudios, tu posición social...

El problema con muchas personas que quieren alcanzar el éxito económico actualmente es que están sacrificando lo trascendente sobre el altar de lo intrascendente.

Al terminar de leer el Pergamino Primero, el patriarca lo volvió a enrollar con sumo cuidado, se lo entregó a Simeón y él lo colocó nuevamente en la vasija que lo había contenido y protegido durante tantos años. Luego, Simeón volvió a sellar apropiadamente la vasija, se sentó junto a Maurus y le dijo:

—Maurus, durante los próximos cuatro días quisiera que pienses profundamente en las siguientes preguntas y escribas las respuestas en las tablas de cera que he dejado en tu habitación. Usa todas las que quieras, te podemos dar más. O si prefieres que tus pensamientos perduren para la posteridad, también puedes usar algo más permanente, como papiros o pergaminos.

»Lo más importante es que medites en las enseñanzas de hoy, las guardes en tu corazón y las pongas en práctica inmediatamente a la luz de la crisis que estamos viviendo y la que se avecina.

Estas son tus preguntas:

1. ¿Qué significa el principio del contentamiento para mí?
2. ¿Cuáles son las áreas en las que estoy demostrando tener un corazón infeliz?
3. ¿He dejado entrar la codicia en mi corazón?
4. ¿Estoy apegado emocionalmente a alguna propiedad material?
5. ¿Seré yo un «rico pobre», o estoy disfrutando de la vida en abundancia?
6. ¿Cuáles son las cosas trascendentes en mi vida?
7. ¿Cuáles son las intrascendentes?
8. ¿Estoy sacrificando alguna cosa trascendente sobre el altar de lo intrascendente?
9. ¿Cómo puedo aplicar el principio del contentamiento ante la entrada del general Khalid ibn al-Walid a la ciudad de Damasco?
10. ¿Cómo voy a reaccionar a las crisis económicas y políticas en el futuro?»

Cuando terminó sus instrucciones, el obispo Sofronio se puso en pie, y dando un cálido abrazo al estudiante y otro a su padre, dio por terminada su primera clase. Apagaron las lámparas, salieron del refugio, cerraron apropiadamente la entrada y cada uno volvió a su alcoba en busca de una buena noche de descanso.

Agotado por la larga jornada, antes de conciliar el sueño Maurus recordó que aún no había recibido ninguna noticia de su bella prometida, la princesa Madiha. Levantó al cielo una oración por ella y por los criados que la acompañaban. Por ahora, no había nada más que él pudiera hacer.

Ahora Maurus tenía cuatro días para asimilar y hacer carne propia el antídoto para la primera ley irrefutable de la destrucción económica: la ley del corazón infeliz. Cerró sus ojos y se prometió, por la memoria de sus ancestros, que a partir de ese momento él sería feliz por encima de los bienes materiales que la vida pudiera ofrecerle o no.

Los Pergaminos de Damasco en el siglo 21

La crisis socioeconómica que estamos viviendo en el siglo 21 no es muy diferente de muchas otras crisis que ha experimentado el mundo a lo largo de su historia. Los problemas son parte de la vida.

Los problemas en la vida no son el verdadero problema. Cómo reaccionamos frente a los problemas... ¡ese es el problema!

* * *

I
Permíteme compartir contigo una historia muy personal...

Recuerdo claramente aquel día de septiembre de 1996 en el que el doctor miró a mi esposa a los ojos y le dijo claramente: «Señora, usted tiene cáncer. Este cáncer ha matado a su tía y a su prima. Corre en su familia, y ahora lo tiene usted. Usted tiene una niña de seis años y otra de tres. Si yo estuviera en su lugar, haría preparativos para el cuidado de sus dos hijitas, porque su futuro es incierto».

Aquel día, tomado de las manos de mis hijitas, de pronto entendí lo frágil que es la vida, las cosas importantes por las que debería pelear y las cosas estúpidas por las que nunca debería haberme peleado.

Aquel fresco día de septiembre, en una tierra extraña, parado en la plaza de un pequeño pueblito, a 10,000 kilómetros al norte de mi país, entendí qué era trascendente y qué no lo era. Me prometí vivir abundantemente el resto de mi vida y vivir una vida feliz y agradecida. Entendí que si hoy he abierto los ojos para poder escribir este libro, es solamente por la gracia de Dios.

Mirar a la muerte a la cara te cambia la perspectiva de la vida.

* * *

Quisiera que pienses en las mismas cosas que el Maurus de nuestra historia estará pensando en los próximos cuatro días:

1. Vuelve a escribir aquí el principio del contentamiento:

_____

_____

_____

_____

_____

2. ¿Cuáles son las áreas en las que estás demostrando tener un corazón infeliz?

Piensa:

¿Eres feliz en el lugar donde vives?, ¿con la forma en que te transportas?, ¿con la ropa que vistes?, ¿con la computadora, el teléfono celular que tienes o que no tienes?, ¿con la familia que tienes?, ¿con tu cónyuge?

Escribe las áreas en las que sientes que tienes un «corazón infeliz»:

_____

_____

_____

_____

_____

3. ¿Has dejado entrar la codicia en tu corazón? «Codiciar» significa ansiar, desear con exceso o de una manera egoísta tener la posesión de

algo que ahora no puedes tener. Piensa si hay algo que estás codiciando La codicia te va a llevar por el camino de las decisiones económicas equivocadas. Reconoce las cosas que estás codiciando en este espacio:

_____

_____

_____

_____

_____

4.   Haz una lista de las cosas materiales por las que sientes un fuerte apego emocional. El estar apegado emocionalmente a un bien material afectará la claridad de tu mente y la frialdad con que tengas que tomar decisiones difíciles en tiempos de crisis.

PIENSA SERIAMENTE:

¿Cómo te afectaría el tener que deshacerte de esas cosas? ¿Perderías tu sensación de bienestar —tu felicidad— por no tenerlas?

_____

_____

_____

_____

_____

¿Cómo puedes cortar el «cordón emocional» que tienes con ellas?

_____

_____

_____

_____

_____

5. Muchas familias de inmigrantes en Estados Unidos ganan diez veces más que sus familiares en la tierra natal; sin embargo, aun así, ¡el dinero no les alcanza!

Piensa seriamente:

¿Crees que eres parte de los «ricos pobres» o de los «pobres ricos»... o estás disfrutando de una vida abundante?

_____

_____

_____

_____

6. ¿Cuáles son las cosas trascendentes en tu vida? Haz una lista.

_____

_____

_____

_____

7. ¿Cuáles son las cosas intrascendentes en tu vida? Haz una lista.

_____

_____

_____

8. Piensa: ¿Qué cosas trascendentes estoy sacrificando sobre el altar de
lo intrascendente?

_____

_____

_____

_____

_____

9. ¿Cómo puedo aplicar el principio del contentamiento ante la crisis
económica que estamos viviendo en estos momentos?

_____

_____

_____

_____

10. ¿Cómo voy a reaccionar a las crisis económicas y políticas en el
futuro?

_____

_____

_____

_____

Un pensamiento final de parte del Dr. Panasiuk...

Aprender a vivir abundantemente

Aprender a «vivir abundantemente» significa descubrir la tarea para la cual hemos nacido, poner en práctica los talentos y dones que la vida nos ha dado, concentrarnos en las cosas trascendentes, como por ejemplo, servir y enriquecer la vida de nuestro cónyuge, amar y enseñar a nuestros hijos, desarrollar nuestra vida personal y profundizar nuestra vida espiritual.

Vivir nuestra vida, y vivirla en abundancia, significa aprender a disfrutar al ver a nuestros niños jugar en el fondo de la casa. Emocionarnos al hacer una oración con ellos junto a sus camas y darles el besito de las buenas noches. Significa preocuparnos por la vida de otras personas, ayudar a pintar la casa del necesitado, arreglarle el auto a una madre sola sin esposo, y escuchar en silencio, hasta cualquier hora de la noche, el corazón del amigo herido.

Vivir en abundancia significa extender la mano amiga a los pobres, aprender a restaurar al caído y a sanar al herido. Significa, para los varones, poder mirar a nuestra esposa a los ojos y decirle sinceramente: «¡Te amo!» Poder llegar a ser un modelo de líder-siervo para nuestros niños. Significa dejar una marca más allá de nuestra propia existencia.

Poco tiene que ver este concepto de la felicidad y la satisfacción personal con las enseñanzas de los comerciales televisivos o los evangelistas del materialismo. Poco tiene que ver con lo que se enseña en los círculos influenciados por los medios de comunicación social de la actualidad. La felicidad del hombre no aumenta con el incremento de su estatus económico o social.

Después de viajar cerca de un millón de kilómetros alrededor del mundo desde mediados de los años noventa, he llegado a la conclusión de que estoy totalmente de acuerdo con aquella frase que dice que «el dinero no hace la felicidad» y, sinceramente, no sé hasta dónde ayuda.

Proponte el día de hoy darle una mirada honesta al lugar en el que te encuentras en la escala social de tu país. Pregúntate: ¿tengo paz en mi vida económica? Si no tienes paz en el contexto económico en el que te toca vivir, quizá sea hora de tomar algunas decisiones importantes tanto financieras como personales y familiares. Ajusta tu nivel de vida y, en vez de correr detrás de metas económicas, decide ser feliz. Tú eres la única persona que puede tomar esa decisión. Yo no puedo cambiar tu actitud frente a la vida y el valor que les das a las cosas materiales. Lo tienes que hacer tú mismo... y lo debes hacer hoy.

Cómo vencer la ley del corazón infeliz

Escribe, aquí mismo, tu decisión de vencer la ley del corazón infeliz, poniendo en práctica en tu vida el principio del contentamiento. Escribe en tus propias palabras tu compromiso personal a ser feliz en el lugar donde te encuentras económicamente en la vida.

Comprométete a disfrutar de los ascensos en tu trabajo, a darle la bienvenida a los aumentos de salario, pero a no perder el sueño por ellos. Decide ser feliz hoy mismo en el lugar, con los recursos y con las relaciones que la vida te ha proporcionado:

_____

_____

_____

_____

_____

_____

Firma y fecha

Pergamino Segundo

La ley del alma impaciente

En la medianoche del cuarto día después de su último encuentro, el guardián, el instructor y el discípulo se encontraron nuevamente frente a la misma puerta de la iglesia. Entraron con el mismo sigilo, abrieron el acceso secreto al depósito de los Pergaminos de Damasco y, mientras Simeón se hacía cargo de traer el siguiente pergamino, el patriarca Sofronio le preguntó al joven estudiante:

—Maurus, ¿cuál es una de las lecciones más importantes que aprendiste desde nuestro último encuentro?

—Aprendí que en medio de una situación de crisis, mi felicidad no debe depender de los bienes que poseo—. Y luego agregó: Los tiempos vienen y van, los imperios vienen y van, las casas vienen y van, los negocios vienen y van... pero hay cosas que permanecen para siempre.[1] Y esas cosas, las trascendentes, son las que deben recibir el énfasis en mi vida si quiero vivir una vida realmente feliz a pesar de las circunstancias que me rodeen.

—Muy bien dicho, Maurus —dijo el anciano maestro—. Estos son tiempos de crisis, y en estos tiempos lo peor no es que mucha gente pierda sus posesiones o sus negocios, lo peor es que muchas personas se pierden a sí mismas.

Y mientras el maestro hablaba, Simeón colocó el Pergamino Segundo sobre la mesa y lo abrió en el lugar donde decía: «Pergamino Segundo: La ley del alma impaciente». El sabio Sofronio comenzó a leer:

En la *parábola del padre amoroso*, lo primero que llevó al hijo menor por el camino de la destrucción económica es el haberse permitido tener un corazón infeliz: insatisfecho con las cosas que ya tenía. Lo segundo que lo llevó a la ruina es el haber tenido un alma impaciente.

Este joven ya tenía asegurada una herencia; sin embargo, él no quería esperar a que su padre falleciera para recibirla. En lo profundo de su ser, en su alma, sufría de impaciencia crónica; y esa impaciencia lo llevaría, finalmente, a la destrucción económica.

Dice la Escritura: «Un día, el hijo más joven le dijo a su padre: "Papá, dame la parte de tu propiedad que me toca como herencia"».

El joven no solamente demostró un alto nivel de impaciencia con respecto al tiempo del traspaso de la herencia, sino que, una vez que le fue entregada, vendió inmediatamente todas las posesiones recibidas.

Un alma impaciente te llevará indefectiblemente al desastre. Decía el sabio rey Salomón que «los planes del diligente de seguro llevan a una persona por el camino de la abundancia, pero todo aquél que se apresura alocadamente, ciertamente termina en la pobreza».[2]

A partir de este día, tú deberás considerar el manejo del dinero y el manejo de los negocios con una perspectiva de largo plazo. No mirarás solamente lo que es conveniente en el presente. Considerarás lo que es conveniente en el resto de tu vida, e incluso qué es conveniente para tus hijos y los hijos de tus hijos.

No siempre las ganancias rápidas son lo mejor. Considera la siguiente historia:

Un mercader llegó hasta el palacio de un rico comerciante, y le dijo: «Vuestra merced es el hombre más rico que ha existido en la historia de estas tierras. Yo soy un simple inversor. Le propongo un trato: Hoy yo le daré 500,000 denarios. A cambio, usted me dará mañana uno; pasado mañana, dos; al tercer día, cuatro; luego, ocho, y así duplicará la cantidad de denarios que me entregue cada día durante los próximos treinta y dos días. ¿Qué le parece?» El segundo mercader aceptó inmediatamente, y esa noche fue a celebrar con su familia la estupidez del primero, que le regaló tal suma de dinero a cambio de tan poco. ¿Quién hizo el mejor negocio?

* * *

En este punto, el patriarca hizo una pausa en la lectura, y mirando con picardía a su discípulo le preguntó: «¿A ti qué te parece?»

—A mí me parece que el segundo mercader se llevará una gran sorpresa después de unos veinte días del inicio del trato —contestó Maurus casi sin pensarlo.

—¡Exacto! —exclamó su padre, lleno de orgullo por la sabiduría e inteligencia de su heredero.

Sofronio continuó leyendo:

Grande fue la ira del segundo mercader cuando, al final de los treinta y dos días, tuvo que devolver no sólo los 500,000 denarios, sino también entregar todo el oro que su familia había acumulado durante generaciones, vender todas sus propiedades, entregar todos sus negocios y aun así no poder pagar completamente los más de cuatro mil millones de denarios que le costó el trato.[3]

Esta historia nos demuestra que la mejor manera de llegar a la abundancia es a través de la acumulación de pequeñas cantidades, en forma constante, a lo largo del tiempo, no esperando ganar en un negocio o un trato lo que necesitas para vivir el resto de tu vida. Muchos mercaderes y negociantes se «apresuran alocadamente» y eso los lleva a la ruina.

El patriarca miró a Maurus y le dijo:

—Si quieres llegar a ser un hombre de grandes capitales, debes decidir hoy mismo hacer dos cosas: en primer lugar, debes comenzar a ahorrar de forma regular una pequeña cantidad de dinero cada vez que realices un negocio. Con el correr de los años, esa cantidad se hará importante y te servirá para sobrevivir en los tiempos de crisis. En segundo lugar, debes sumar a tu carácter dos cosas fundamentales: la paciencia y la perseverancia. La perseverancia es esencial para lograr tus metas a largo plazo. Debes saber esperar y debes saber persistir hasta alcanzar lo que quieres, sin importar los fracasos. Lo más importante en nuestra vida no es no haber caído nunca, sino que cada vez que nos hemos caído... ¡nos hemos levantado![4] Las cosas difíciles necesitan mucho tiempo para ser conquistadas; las imposibles necesitan un poco más. El famoso poeta y escritor Persius dijo una vez en Roma: «Aquel que persevera, ¡conquista!»[5] y tenía mucha razón. Salomón nos enseña que el justo podrá caer siete veces, pero se levantará; mas los malvados se hunden en su desgracia (Proverbios 24.16).

—Maurus —dijo Simeón a su hijo con honestidad en su corazón—, en estos tiempos de crisis no es el momento para dejar que el temor tome control de tu vida ni para correr de un lugar a otro con desesperación. Toma firmemente el timón del negocio que estoy poniendo en tus manos y llévalo con paciencia y perseverancia a puerto seguro. Pide sabiduría de lo alto y persiste en medio de la tormenta.

—Una vez más, te pido que durante los próximos cuatro días pienses en las preguntas que te he escrito en esta tabla de cera —explicó el instructor de Jerusalén—. Medita en las enseñanzas de hoy y asimílalas en tu vida. ¡Hazlas tuyas! Luego, piensa cómo ponerlas en práctica en tu diario vivir en cuanto termines este período de estudio y vuelvas al mundo de los negocios.

Estas son tus preguntas:

1. ¿En qué áreas de tu vida necesitas ejercitar la paciencia?

2. ¿Cuáles son las cosas que desearías tener ahora mismo, pero has decidido que vas a esperar a tenerlas hasta que el momento sea el apropiado?

3. ¿Cuáles son las situaciones en las que estás tentado a dejar de perseverar?

4. Haz una lista de las diferentes maneras en que puedes ahorrar dinero en forma regular.

5. Escribe una historia en la que ilustres cómo puedes hacer para que, con sólo una pequeña ganancia en cada transacción de alguno de los negocios que manejas, puedas acumular una fortuna».

Cuando terminó sus instrucciones, Sofronio se puso en pie y le preguntó al estudiante:

—¿Has traído las tablas con las respuestas a las preguntas en las que te pedí que meditaras al final de nuestra última clase?

—Sí, maestro, las tengo en esta bolsa.

—¡Magnífico —dijo el instructor—. Dame las tablas, y si necesitas más, por favor pídeselas a mis ayudantes. En nuestro próximo encuentro aprenderemos sobre la siguiente ley irrefutable para la destrucción económica: **La ley del espíritu independiente**.

El patriarca los bendijo, tomó la bolsa e inmediatamente salió del recinto para dirigirse a su casa. Simeón se ocupó de todo lo necesario para su partida. Apagó las lámparas, cerró las puertas, le dio un fuerte abrazo a su hijo y caminó con él hasta la puerta principal de la iglesia. Allí se despidió y, llamando a su guardia, regresó a su hogar.

Maurus ahora tenía otros cuatro días para asimilar y aplicar a su propia vida el antídoto para la segunda ley irrefutable de la destrucción económica: la ley del alma impaciente.

Llegó a su cuarto, se cambió de ropa, se acostó en la cama y, como no podía evitarlo a esa hora de la noche, pensó en su prometida. Pero esa impaciencia que anteriormente había sentido por las diferentes situaciones que lo separaban de ella, se transformaba lentamente en contentamiento y confianza. Si bien era cierto que ella se encontraba atrapada en una difícil situación entre el desierto y la ciudad tomada, él estaba seguro de que los ángeles del Altísimo la cuidarían.

Fue entonces cuando un pensamiento inundó su mente: ¿Sería que la razón por la que Madiha se encontraba en esa encrucijada era que ambos se habían apresurado en sus decisiones y cayeron en la trampa de tener un alma impaciente? ¿Sería que las consecuencias de quebrantar la ley del alma impaciente podrían afectar no sólo los negocios, sino también a otros aspectos de la vida?

Maurus se propuso a partir de ese momento compartir con Madiha todo lo que estaba aprendiendo del patriarca Sofronio: ideas que estaban poco a poco transformando profundamente su vida.

Mientras meditaba en estas cosas, de pronto se dio cuenta de que ese día había dejado de ser un joven para comenzar a sentirse un verdadero hombre. Estaba abandonando la forma de pensar inmadura de un niño y había aprendido cómo piensan los hombres en el mundo de los adultos...

Se prometió nunca más volver atrás.

Los Pergaminos de Damasco en el siglo 21

Una de las razones por las que la gente tiene tantos problemas de deudas en la actualidad es que tenemos millones de adolescentes que tienen entre treinta y cuarenta años de edad. Es cierto que cronológicamente tienen treinta y cinco, quizás treinta y siete años, ¡pero mentalmente no han pasado de los dieciocho!

La madurez implica paciencia, perseverancia, integridad, honestidad, transparencia en las relaciones, amor comprometido, compasión por los demás y una buena dosis de dominio propio. Cuando desarrollamos esas tendencias en nuestro carácter, no hay lugar en el mundo donde no podamos sobreponernos a la crisis.

Nuestro carácter y nuestros valores en la vida determinarán el rumbo que habremos de seguir cada vez que nos enfrentemos a una nueva alternativa financiera. Nuestro carácter es como un boomerang: finalmente volverá para ayudarnos o golpearnos.

Por ejemplo: si nunca gastamos más de lo que ganamos es muy difícil caer en deudas. La razón más común por la que la gente cae en deudas es que gasta dinero que espera recibir en el futuro, pero que no tiene en el presente. Nos creemos los anuncios que dicen: «Compre ahora y pague después». No estamos dispuestos a ahorrar primero y comprar después.

Entonces, cada vez que gastamos dinero que no tenemos, hay un precio que pagar: se llama **intereses,** y en el siglo 21, cuando hablamos de intereses, el juego se llama: «El que paga, ¡pierde!»

Cada vez que pagamos intereses perdemos un poquito aquí y otro poquito allá. Al final de varios años, esos «poquitos» se acumulan y se convierten en importantes pérdidas, sólo por no tener la paciencia de ahorrar antes de comprar.

Piensa en lo que decidirías si alguien te ofrece lo siguiente: ¿Qué prefieres: cien dólares ahora mismo o doscientos dólares para cuando termines de leer esta página? Si contestaste doscientos dólares para cuando termines de leer la página, entonces hiciste uso de un concepto que es esencial para el éxito económico: la gratificación diferida.

Gratificación diferida es la capacidad que tenemos de negarnos una gratificación el día de hoy, porque sabemos que si nos sacrificamos hoy, estaremos mucho mejor el día de mañana. Nuestros abuelitos lo sabían y lo practicaban muy bien.

Nosotros pertenecemos a la primera generación que no solamente se gasta cada moneda que tiene encima, sino que también nos estamos gastando el futuro de nuestros hijos, ¡y de los hijos de nuestros hijos!

Déjame darte un ejemplo que expliqué en mi libro titulado *¿Cómo compro inteligentemente?*[6]

Debo reconocer que no tomaré en cuenta algunos aspectos financieros importantes, como la fluctuación del mercado inmobiliario, la inflación, y los costos de compra y venta de inmuebles. Explicaré al final la razón por la que lo hago, pero tiene que ver con la lección principal que quiero enseñar, que hace que esos aspectos financieros no jueguen un papel preponderante. Aquí va la historia...

Ricardo Rápido y Pedro Paciente

Tengo dos amigos. Uno se llama Ricardo Rápido y otro se llama Pedro Paciente. Los dos se quieren comprar una casa por cien mil dólares. Los dos tienen diez mil dólares para dar como depósito y ambos pueden pagar setecientos dólares por mes en su hipoteca.

a. Una compra inteligente

Ricardo Rápido, por ser *rápido*, se compra la casa más grande que puede con el dinero que tiene y el precio es $101,037.55.

Así queda su situación económica entonces:

Casa de $101,037.55

Anticipo $ 10,000.00

Deuda: $ 91,037.55

Plazo: 30 años

Interés: 8.50% anual

Pago mensual: $700

Pedro Paciente, a pesar de poder hacer lo mismo que hizo Ricardo Rápido, decide que va a comprar primero una casita más pequeña. El precio es $66,458.12

Casa de $66,458,12

Anticipo **$10,000,00**

Deuda: $56,458,12

Plazo: 30 años

Interés: 8.5% anual

Ahora bien, a pesar de que la deuda es menor y que los pagos mensuales pueden ser menores, Pedro Paciente se dice a sí mismo: «Yo puedo pagar setecientos dólares mensuales, así que voy a pagar más para adelantar lo antes posible el pago de mi deuda». Entonces, el pago mensual de Paciente es más alto del que debería ser. Pago mensual: $700

Este es el cuadro comparativo de la situación económica de mis dos amigos:

Nombre	Deuda	Pago	Interés	A la deuda	Activo
Rápido	$91,037.55	$700	$644.85	$55.15	$10,055.15
Paciente	$56,458.12	$700	$399.91	$300.09	$10,300.09

El pago extra que está haciendo Paciente le permite colocar más dinero para pagar su deuda y, por tanto, está aumentando su activo (el valor del dinero que tiene en su propiedad, que en inglés se llama *equity*).

b. Un pago anticipado

Nota que Ricardo Rápido, después de diez años de pagar $700 por mes, todavía debe ¡80 mil dólares! Esa es la trampa económica del sistema de pagos de préstamos hipotecarios en Estados Unidos (o al «estilo francés», como se lo llama), muy común para compras mayores (tanto automóviles como casas) en toda nuestra Latinoamérica. No es ilegal. Simplemente es muy desventajoso para el consumidor.

A los diez años, como está pagando demás cada mes, Pedro Paciente termina de pagar su casa. Esta es la situación económica de Rápido y Paciente al final de esos 120 meses:

Mes	Nombre	Deuda	Pago	Interés	A la deuda	Activo
120	Rápido	$80,789.33	$700	$572.26	$127.74	$20,375.96
120	Paciente	$695.06	$700	$4.92	$695.06	$66,458.12

Fíjate que a pesar de que en la mensualidad de Rápido hay una mayor cantidad de dinero que va hacia el pago de su deuda, todavía (después de diez años) la cantidad de ese pago que ha sido asignada a pagar intereses es de un tamaño respetable. ¿El resultado? Que Ricardo Rápido ha estado pagando primordialmente un «alquiler» al banco (en intereses) y al gobierno (en impuestos) por el dinero que pidió prestado para comprar su casa y, después de haber hecho pagos por ochenta y cuatro mil dólares, ¡todavía debe ochenta mil de los cien mil que pidió prestado en un comienzo!

c. Una movida inteligente

Ahora que Pedro Paciente pagó totalmente su casa, decide venderla y comprarse la casa de sus sueños exactamente al lado de la de Ricardo Rápido. Le cuesta lo mismo que le costó a los Rápido diez años antes: $101,037.55

Paciente coloca todo el dinero obtenido por la venta de su primera casa ($66,458.12) como anticipo y toma el resto como una hipoteca a pagar a treinta años. Observemos ahora cuál es la posición financiera de los Rápido y de los Paciente:

Mes	Nombre	Deuda	Pago	Interés	A la deuda	Activo
121	Rápido	$80,661.59	$700	$571.35	$128.65	$20,504.61
121	Paciente	$34,579.43	$700	$244.94	$455.06	$66,913.18

Debemos notar que, a pesar de que Pedro podría pagar una mensualidad menor, continúa haciendo el pago mensual de setecientos dólares, lo que acelera aun más la velocidad con la que está pagando su deuda hipotecaria.

d. Una meta lograda

Cinco años después, Pedro Paciente termina de pagar la deuda de la casa de sus sueños. Aquí está el cuadro comparativo de la situación económica de Ricardo Rápido y de Pedro Paciente después de 180 mensualidades pagadas (15 años):

Mes	Nombre	Deuda	Pago	Interés	A la deuda	Activo
182	Rápido	$70,888.30	$700	$502.13	$197.87	$30,347.12
182	Paciente	$8.46	$8.52	$0.06	$8.46	$101,137.55

e. Una inversión sabia

Una vez que Pedro Paciente termina de pagar la casa que siempre quiso tener, decide que, en lugar de mudarse a una casa más grande o gastar el dinero que ahora le queda disponible, lo va a invertir conservadoramente al 8% de interés anual. Entonces Pedro Paciente abre una cuenta de inversiones en la que deposita $700 todos los meses con un rendimiento del 8% por año (bastante conservador).

f. Un resultado asombroso

La pregunta ahora es: ¿qué ocurre con Ricardo Rápido y Pedro Paciente después de treinta años? (Recuerda que su hipoteca original era a treinta años de plazo.) Pues bien, a los treinta años de pagar sus mensualidades hipotecarias religiosamente, Ricardo Rápido finalmente termina de pagar su casa. Hace una fiesta, invita a sus amigos y celebra que, por fin, es un hombre libre del yugo hipotecario y la casa es realmente suya. Tiene un capital acumulado de $101,037.55 (el valor de su propiedad).

Por otro lado, con menos «bombos y platillos», ¡la inversión de Pedro Paciente en el banco alcanza la increíble suma de **$239,227.24** en dinero efectivo! Además, por supuesto, Paciente tiene el capital de su casa, ¡lo que le lleva a tener un activo acumulado de más de $340,000.00!

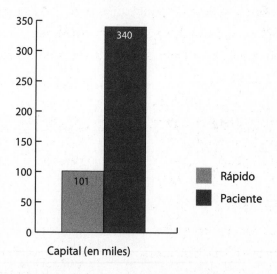

Capital (en miles)

¿Qué conviene ser entonces? ¿Rápidos o Pacientes? Pacientes, ¿verdad? ¿Y por qué no lo somos?

Esa es la razón por la que la gente de otras culturas a las que admiramos acumula mucho más dinero que nosotros en nuestro contexto cultural. Ellos son «pacientes» y nosotros somos «rápidos».

Ahora bien, ¿cómo es posible que le haya ido tan bien a Pedro Paciente? Pues la razón principal del éxito económico de Pedro tiene que ver con la forma en que planeó el pago de sus intereses hipotecarios. Por eso es que en mi historia dejé de lado ciertos factores importantes, como la fluctuación de los precios de las casas y la inflación del país.

La enseñanza principal de esta historia tiene que ver con la cantidad de intereses que pagó cada uno de los protagonistas. Ricardo Rápido, con un carácter típico de nuestra gente, quiso tenerlo todo lo más rápidamente posible. Eso tiene un precio. Para él fue de $117,257.92 en intereses hipotecarios.

Pedro Paciente, por su lado, supo esperar y sufrir durante diez años en una casa más pequeña y en un barrio con menos estatus que el de Rápido, pero esa planificación económica a largo plazo trajo sus beneficios. Paciente solamente pagó $35,670.95 en intereses (casi un tercio de lo que pagó Rápido). Aun más: su dominio propio y su carácter maduro le ayudaron a invertir el dinero que muchos de nosotros gastaríamos en nuevos «proyectos» familiares.

Por eso, cuando hablamos del pago de intereses, el juego se llama: «El que paga, ¡pierde!»

g. Un momento para la reflexión

Una nota para la reflexión que quizá es obvia: la acumulación de un capital de $340,000.00 le tomó a Pedro Paciente treinta años de su vida. Eso quiere decir que, si comenzó a los treinta o treinta y cinco años, ahora está a punto de jubilarse. No le queda el mismo tiempo de vida que le quedaba cuando comenzó sus planes financieros a largo plazo y, ciertamente, disfrutó diez años menos de la casa de sus sueños.

Sin embargo, Pedro Paciente no está pensando solamente en sí mismo. Paciente está acumulando capital para la siguiente generación: para sus hijos y sus nietos. Él ha sacrificado parte de su satisfacción personal por el bienestar de las generaciones futuras. Este tipo de actitud está desapareciendo de nuestro continente en la medida en que los medios de comunicación social nos condicionan a disfrutar del «aquí y ahora», sacrificando en el proceso el futuro personal y familiar.

❦¡Anímate! Trabaja en tu carácter personal: sé paciente y, comenzando desde abajo y a lo largo del tiempo, tú también podrás ahorrarte decenas de miles en intereses. ⸎

* * *

Quisiera que pienses en las mismas cosas que el Maurus de nuestra historia estará pensando en los próximos cuatro días:

1. ¿En qué áreas de tu vida necesitas ejercitar la paciencia?

_____

_____

_____

_____

2. ¿Cuáles son las cosas que desearías tener ahora mismo, pero has decidido que vas a esperar hasta tener el dinero en efectivo para comprarlas?

_____

_____

_____

_____

3. ¿Qué tipo de problemas te están creando las tarjetas de crédito?

4. ¿Cómo crees que la falta de paciencia te ha llevado a tener los problemas económicos que tienes en estos momentos?

¿Cuáles son esos problemas?	¿Cómo influyó la falta de paciencia?

5. Haz una lista de las diferentes formas en que puedes ahorrar dinero en forma regular.

_____

_____

_____

_____

6. ¿Cuáles son las cosas que te desaniman, que te «juegan en contra» a la hora de perseverar?

_____

_____

_____

_____

7. Mira este ejemplo:

Tú tienes un niño o una niña de ocho años de edad.

Colocas todos los meses cincuenta dólares en un fondo de inversión.

El fondo ofrece una ganancia promedio del 10% anual.

Después de diez años dejas de poner dinero y le entregas la inversión.

Tu hijo/hija no pone un dólar más durante el resto de su vida.

Pregunta: ¿Cuánto dinero tendrá tu hijo al cumplir sesenta y cinco años?

Respuesta: Tiene _un millón de dólares_.

Ese es el poder del interés compuesto: lo importante no es la cantidad de dinero que se invierta mes tras mes, sino la cantidad de tiempo por la que el interés se acumula mes, tras mes, tras mes, a lo largo de los años.

Tarea para tu vida:

a. Abre una cuenta de ahorro en el banco y ahorra mil dólares.

b. Cuando los tengas, ve al banco y pídele que te oriente sobre fondos mutuos y otras inversiones donde puedas colocar esos mil dólares y donde puedas seguir colocando dinero en forma regular.

Estos son «planes del diligente». Con el tiempo, te llevarán a la abundancia.

Cómo vencer la ley del alma impaciente

Escribe, aquí mismo, tu decisión de vencer la ley del alma impaciente, de madurar en tu vida poniendo en práctica la gratificación diferida, la paciencia y la perseverancia. Escribe en tus propias palabras tu compromiso personal de ahorrar primero y comprar después.

Comprométete a nunca comprar a crédito algo que pierda valor con el paso del tiempo. Escribe ejemplos.

_____

_____

_____

_____

_____

_____

_____

_____

Firma y fecha

Pergamino Tercero

La ley del espíritu independiente

Para cuando llegó el miércoles por la noche, Maurus había empezado a sentir que algo estaba cambiando en su vida. Las ideas que su mentor le había compartido en esas dos primeras clases le habían puesto a pensar sobre la diferencia entre actuar como niño y actuar maduramente en el mundo de los adultos.

Esa noche, nuevamente el patriarca Sofronio le preguntó:

—¿Quisieras compartir conmigo alguna de las ideas más importantes en las que has meditado desde nuestro último encuentro?

—He estado meditando —dijo el discípulo— en que a lo largo de la historia la vida no es siempre igual: hay momentos de prosperidad y momentos de crisis; hay momentos de paz y hay momentos de guerra. Si uno va a sobrevivir a las crisis que le trae la vida, en primer lugar no debe dejar que esas crisis afecten su capacidad de ser feliz y, por otro lado, uno debe perseverar en los tiempos de dificultad. No hay mal que dure por siempre. Si uno persevera y tiene paciencia, uno puede ajustarse a la nueva situación y puede comenzar a prosperar en la nueva realidad.

—¡Muy bien dicho! —dijo el orgulloso padre—. Eso es exactamente lo que nuestra familia ha hecho durante los últimos quinientos años. Damasco no ha sido un paraíso en la tierra todos estos decenios. Hemos sufrido peleas, luchas, invasiones, enfermedades, angustias, persecuciones... sin embargo, hemos perseverado pacientemente a lo largo del tiempo y eso es lo que nos ha dado la ventaja con respecto a otras familias de mercaderes. En el lugar donde ellos se dan por vencidos, ¡es cuando nosotros trabajamos más fuerte!

—Y además, mi querido aprendiz —dijo el prelado—, esa paciencia les ha guardado de la tentación de crecer rápidamente involucrándose en negocios demasiado arriesgados o pidiendo dinero a prestamistas. Llegó el momento de continuar. Veamos ahora qué nos dice el Pergamino Tercero.

Después de mucho estudiar esta historia, hemos llegado a la conclusión de que la tercera ley irrefutable para la destrucción económica es *la ley del espíritu independiente*. El hijo infeliz e impaciente tomó el dinero que había recibido por la venta de la herencia de su padre y... *se fue lejos a otro país*.

La decisión de dejar el suelo paterno y mudarse a un país lejano demuestra que no quería ser responsable delante de nadie por la forma en que iba a tomar decisiones financieras. Él tenía en su mente una idea clara de lo que deseaba hacer y no quería que nadie lo criticara.

Ese fue un serio error.

Cuando este joven dejó su tierra, también dejó atrás a la gente que más

lo amaba y la única oportunidad de
escuchar la voz de alguien que lo
llamara a la reflexión. Quizá las cosas
que le hubieran dicho sus familiares y
amigos no habrían sonado muy agradables a
su oído, pero tal vez le habrían salvado de la
destrucción económica.

La gente que más te ama es la gente que también está
dispuesta a decirte las cosas más difíciles. *Más te
quiere el amigo que te hiere, que el enemigo que te
besa*, decía el rey Salomón.[1]

Tú nunca podrás ser económicamente exitoso a
menos que estés dispuesto a escuchar a otros. Debes
estar dispuesto a escuchar lo que otras personas sabias
te digan con respecto a la forma en que estés
conduciendo tus negocios, aunque no estén de acuerdo
contigo.

El espíritu de independencia es el espíritu que llevó
a Lucifer a perder su posición en el cielo y a rebelarse
contra el Creador del universo.

El vivir así sólo te destruirá.

Para lograr vencer un espíritu independiente debes
elegir algunas personas de absoluta confianza, con
quienes puedas ser transparente en tus manejos
económicos. Serás honesto con ellas y escucharás
siempre con un corazón abierto sus opiniones. No
tendrás que hacer siempre lo que ellos te digan, pero
deberás oírlos.

Buscarás consejo, porque en la abundancia de consejeros es donde se encuentra la victoria.[2]

Serás victorioso si te rodeas de buenos consejeros.

Aparte del consejo de las Escrituras, que te deberán guiar en todos los actos de tu vida, en primer lugar buscarás el consejo de tu esposa.

—En tu caso, Maurus, cuando te unas en matrimonio con tu prometida —aclaró el prelado.

Este es un gran secreto: los hombres que buscan el consejo de sus esposas siempre toman mejores decisiones que los que no lo hacen. Ella es hueso de tus huesos y carne de tu carne. Tú eres una sola carne con ella y no debes esconder de ella la forma en que tomas decisiones económicas.

No hay nadie en este mundo que quiera más tu éxito que tu propia esposa. Ella vive contigo, ha tenido sus hijos contigo y su propia vida depende de que tú triunfes. Ella te ama como nadie en este mundo. Dios te la ha dado como un regalo para que sea la mujer de tu vida, la niña de tus ojos y la amiga con la que necesitas abrir tu corazón todos los días.

Tu esposa es tu ayuda idónea. Dios te la ha dado como un complemento a tus habilidades personales.

Sus fortalezas son tus debilidades y tus fortalezas son sus debilidades. No la maltratarás por eso. No competirás con ella. Buscarás complementar mutuamente las fortalezas de cada uno. Este es un gran secreto que te hará más triunfante que la mayoría de los hombres de este mundo.

Además de tu esposa, deberás buscar consejo de tus padres. Debes honrar a tu padre y a tu madre para que tus días sean largos sobre esta tierra.[3] Ellos tienen algo que tú no tienes: la experiencia. Han visto muchas cosas pasar en la vida y pueden darte la perspectiva de la historia, con la madurez y sabiduría que sólo dan los años.

Así que cuéntales a tus padres las decisiones que estás tomando y busca su sabio consejo.

En tercer lugar, debes buscar el consejo de hombres honestos, íntegros y que tengan un buen corazón. Su integridad y honestidad te ayudarán a enfocarte en hacer lo correcto, en lugar de lo conveniente.

Integridad es:
Hacer lo que se debe hacer,
como se debe hacer,
cuando se debe hacer,
sea conveniente o no.

La integridad de tu corazón guardará tus pasos y te dará, finalmente, la victoria, aunque tal vez no la veas durante los días de tu vida.

En cuarto lugar, debes buscar el consejo de hombres sabios en el área específica en la que necesites tomar tus decisiones económicas. Búscalos. Mantenlos cerca de ti. Escúchalos y no tengas reparos en recompensarles por sus buenas recomendaciones. Sus consejos te ahorrarán dolor y mucho, mucho dinero.

Finalmente, nunca consultes a adivinos, agoreros, brujos, hechiceros, magos, ni a nadie que consulte los espíritus, ni te involucres en sortilegios o hechicerías para atraer dinero o mejor suerte a tus negocios o a tu familia. Eso está terminantemente prohibido en los libros de la ley de Dios.[4]

Terminada la lectura, hubo un profundo momento de silencio frente a la cantidad de nuevos conceptos e ideas que presentaba el Pergamino Tercero. Algunos de los planteamientos, como el de incluir a la esposa en las decisiones de negocios, sonaban totalmente revolucionarios para el pensamiento del mundo del Medio Oriente.

—Maurus —finalmente dijo el patriarca de Jerusalén mientras entregaba el pergamino en las manos de Simeón para que él pudiera volver a colocarlo en su recipiente—, yo sé que estos conceptos van diametralmente en contra de lo que la mayoría de la gente del mundo piensa o hace. Por eso son sólo unos pocos los que alcanzan a vivir una vida realmente abundante. Si te comportas como los demás, tendrás los mismos resultados que tienen los demás. Si quieres resultados diferentes, debes comportarte de modo diferente.

—¿Pero, cómo voy a confiar en las decisiones de negocios en mi futura esposa si ella no sabe nada sobre cómo se manejan nuestros negocios?

—Pensar de esa manera es un grave error. Por un lado, cuanto más le cuentes, más sabrá. Por el otro, y esto es lo más importante, ella no cumple el rol de aconsejarte teniendo en cuenta cómo se manejan los negocios, pues esa es una tarea para los consejeros expertos. La tarea de ella es aconsejarte en la toma de decisiones teniéndote en consideración a ti. Tu esposa te conoce como nadie y, conociéndote como te conoce, te aconsejará mirando la situación desde ese punto de vista. Además, las mujeres tienen una interesante capacidad de discernir el espíritu de las personas. Nunca hagas un negocio con nadie que no hayas presentado a tu esposa. Ella sabrá si es un hombre honesto o es un mentiroso. Finalmente, ellas tienen una relación especial con Dios. A veces lo escuchan mejor de lo que lo escuchamos nosotros.

—¿Y debo consultar a cada una de esas personas cada vez que tenga que tomar decisiones económicas?

—No. Sólo debes ir más allá de las Escrituras y de tu esposa cuando sientas que no tienes la absoluta convicción de que sabes lo que es correcto hacer. Ahora quisiera tomar las tablas en las cuales escribiste tus pensamientos los últimos cuatro días y darte esta que traje preparada con las preguntas para los siguientes cuatro.

Estas son las preguntas en las que quiero que medites:

1. ¿Por qué las personas no quieren compartir con otros la forma en que están tomando decisiones económicas? ¿Cuál es la razón por la que te resulta difícil a ti hacerlo?

2. Piensa si existe una situación en la que te comportaste como el hijo de la **parábola del padre amoroso**: querías hacer algo, y porque no querías que nadie te dijera que estabas equivocado, no consultaste con nadie. Después, pagaste las consecuencias.

3. ¿Qué ocurriría si el califa Umar te pidiera que hicieras algo que es incorrecto, inmoral o que afectaría a tu integridad? ¿Cómo responderías?

4. Haz una lista de hombres dignos y sabios que conoces, con los cuales hablarás y les pedirás que sean tus consejeros. Serás responsable delante de ellos por tu comportamiento en el mundo de los negocios.

5. ¿Cuál será la primera decisión por la cual tendrás que pedir consejo? ¿A quiénes se lo pedirás?»

Dicho eso, dieron por terminada la sesión de esa noche, y cada uno se retiró a sus aposentos despidiéndose hasta dentro de cuatro días más.

Los conceptos aprendidos en esta ocasión —pensó Maurus— *serán determinantes en la manera en que lleve a cabo futuras decisiones, una vez que me una en matrimonio con mi prometida. Incluirla a ella en las decisiones sobre los negocios es algo que nunca me había pasado por la mente.*

En ese momento se dio cuenta de que, como dijo su maestro, una mujer tiene la extraña capacidad de poder leer el alma de la gente. Por eso, esa noche su corazón descansó seguro, sabiendo que, una vez que fuera su esposa, Madiha llegaría a ser su verdadera (y la mejor) ayuda idónea.

Los Pergaminos de Damasco en el siglo 21

Cuanto más estudio el tema de la ley del espíritu independiente en el contexto cultural, social y económico del área geográfica de nuestra historia, más me doy cuenta de lo similares que somos los latinos en este siglo a los habitantes del Medio Oriente al comienzo de la Edad Media. Quizá porque, a pesar del tiempo y las distancias, el espíritu del ser humano es el mismo, ¿no es cierto?

Por eso me gustaría que te enfoques en las mismas preguntas en que estará trabajando Maurus en sus próximos cuatro días de meditación.

Piensa: no puedes vivir en una burbuja. Debes dejar de sufrir en silencio. Debes romper con tu orgullo personal y humillarte si quieres tener la ventaja de tomar decisiones difíciles acompañado de expertos.

«Dos cabezas piensan mejor que una», dice un famoso dicho de nuestro continente y tiene mucha razón. ¡Tómalo en cuenta!

Si quieres sobreponerte a la crisis, lo primero que tienes que hacer es actuar inmediatamente para vencer la ley del espíritu independiente.

El primer mes en que no puedas pagar la luz, el teléfono, el alquiler o la hipoteca, es cuando tienes que buscar ayuda. ¡No puedes esperar!

Cuanto más esperas, más te hundes.

El primer mes que sacas la comida de «fiado» o pagas los alimentos con tu tarjeta de crédito o con dinero prestado, debes buscar la ayuda de personas capaces, como las de nuestra organización, que han dedicado su vida a ayudar a gente que está pasando por problemas económicos y no llega a fin de mes.

De nuevo: ¡no esperes! Las deudas son un cáncer que eventualmente avanzará por toda tu vida financiera y te matará. Comienza el tratamiento temprano y sufrirás mucho menos.

Aquí están tus preguntas, entonces:

1.   ¿Por qué crees que algunas personas no quieren compartir con otros la forma en que están tomando decisiones económicas? ¿Cuál es la razón por la que a ti te resulta tan difícil hacerlo?

_____

_____

_____

_____

_____

2. Piensa en una situación en la que te comportaste como el hijo de
la *parábola del padre amoroso*: decidiste hacer algo, y porque no querías
que nadie te dijera que estabas equivocado, no consultaste con nadie; y
después pagaste las consecuencias.

_____

_____

_____

_____

_____

3. ¿Qué ocurriría si tu jefe en el trabajo te pidiera que hicieras algo que
es incorrecto, inmoral o que afectaría tu integridad? ¿Cómo responderías?

_____

_____

_____

_____

_____

4. Haz una lista de personas que conoces, con quienes hablarás y
les pedirás que sean tus consejeros(as). Debes comprometerte a ser
responsable delante de esas personas por tu comportamiento en el
mundo de los negocios.

_____

_____

_____

_____

5.   ¿Cuál será la primera decisión por la cual tendrás que pedir consejo económico? ¿A quiénes se lo pedirás?

_____

_____

_____

_____

Cómo vencer la ley del espíritu independiente

Escribe, en tus propias palabras, tu decisión de vencer la ley del espíritu independiente, humillándote y comprometiéndote a buscar el consejo de la Biblia —si asistes a alguna comunidad de fe—, de tu cónyuge, de tus padres, de gente de integridad y de expertos.

Una vez escuché que Fritz Phillips —presidente de la famosa compañía multinacional que lleva su apellido— dijo: «Aquel que se niega a escuchar a su esposa, está desechando el 50% de la sabiduría de Dios». Y esta es una gran verdad.

Comprométete a ser responsable delante de alguien por la forma en que manejas tu vida económica y tomas decisiones en los negocios.

Comprométete a buscar ayuda al **comienzo** de la crisis y no cuando la crisis está avanzada.

_____

_____

_____

_____

_____

_____

_____

_____

_____

_____

_____

_____

_____

_____

_____

_____

_____

_____

Firma y fecha

Firma del cónyuge

Pergamino Cuarto

La ley de una mente desorganizada

En el cuarto encuentro para estudiar los manuscritos, el patriarca Sofronio comenzó explicando:

—Este pergamino, Maurus, es muy diferente de los tres anteriores. Mientras que los otros pergaminos hablaban de **ser** (de tu vida interior como persona) o de tu carácter como individuo, el Pergamino Cuarto habla sobre lo que debes **hacer** para sobreponerte a la crisis que tenemos con nosotros. Cuando hablas de aspectos económicos y de negocios, siempre debes tener un buen balance entre el **ser** y el **hacer**.

Dicho esto, el maestro comenzó a leer:

La cuarta ley irrefutable para la destrucción económica es la *ley de una mente desorganizada*. Es de notar que la parábola que nos contara el Maestro dice que el joven insensato se fue a un país lejano y... «allá se dedicó a darse gusto, haciendo lo malo y gastando todo el dinero».

Esto muestra claramente un estado mental desordenado que lo llevó a derrochar el dinero en forma irresponsable. Tú no serás así. Desarrollarás un carácter ordenado y establecerás un plan para controlar los gastos de tu casa y de tu negocio.

El universo fue creado cuando, del caos, Dios estableció orden; y, desde entonces todas las cosas creadas tienen un orden específico. Los cielos tienen un orden, la tierra tiene un orden, el mar tiene un orden y todos los seres vivientes viven gracias a que mantienen un determinado balance y orden en sus vidas. El propósito del orden es *acceso*. El orden te permitirá tener acceso a información, e información es poder: poder para *entender*, para saber qué decisiones necesitas tomar y cómo tomarlas. El propósito del orden, entonces, no es solamente acceso, sino también conocimiento. Ordenarás tu vida económica, tanto en tus negocios como en tu familia. Tendrás un plan, pues los planes del diligente llevan a la abundancia.

El sabio Salomón, el hombre más rico en la historia del mundo, dijo que debemos conocer el estado de nuestras ovejas y mirar por nuestros rebaños, porque el dinero no dura para siempre.[1] Eso significa que, en todo momento, tú necesitas conocer el estado financiero de tus negocios y de tu casa. Debes saber cuánto dinero ha entrado y cuánto dinero ha salido; y de lo que salió, debes saber a dónde se fue. Es una gran verdad la que dice que las riquezas no duran para siempre. Habrá tiempos de abundancia y tiempos de necesidad. Tiempos en los que tendrás muchos recursos y tiempos en los que te faltarán. Por eso necesitas ser el amo del dinero y no dejar que él se adueñe de ti. No puedes permitirte gastar todo el capital que tienes, y para eso necesitas tener una forma de controlarlo. Controla el dinero o él te controlará a ti. Como fue dicho antes: el dinero es un buen siervo, pero es un mal amo. Si deseas sobrevivir a las crisis que vendrán a tu vida y prosperar a pesar de ellas, deberás tener orden en tu vida económica. Asegúrate de que sabes cuáles son los gastos de tu negocio y de tu casa y, luego, coloca límites para la cantidad de dinero que se debe invertir en cada área.

Tras terminar de leer el Pergamino Cuarto, el obispo lo enrolló nuevamente y se lo pasó a Simeón para que lo devolviera a su lugar. Luego, mirando a su discípulo, le dijo:

—Tú tienes la bendición de haber nacido en el seno de una familia que ha manejado sus decisiones y negocios de una forma ordenada por más de quinientos años. Esa es una de las razones de su gran éxito. Sigue por ese camino y triunfarás. Por otro lado, te recomiendo que estudies maneras de mejorar el orden establecido por tu padre en los negocios y el hogar. Siempre existe algo nuevo que aprender. Pregunta a otros mercaderes, busca consejo, ten la mente abierta para aplicar constantemente nuevas formas de hacer las cosas. Yo veo que ese no será un gran problema en tu vida.

Habiendo dicho eso, el instructor y el discípulo intercambiaron sus tablas de cera y se prepararon para salir del cuarto secreto. Antes de hacerlo, sin embargo, el patriarca Sofronio leyó en voz alta las preguntas en las que Maurus debía meditar en los días siguientes:

1. ¿Por qué crees tú que existe orden en el universo?
2. ¿Para qué sirve el orden en nuestras vidas?
3. ¿Por qué crees que debemos tener orden en nuestros negocios?
4. ¿Por qué crees que tanta gente vive su vida con falta de orden, y cuáles son las áreas de tu vida que todavía lo requieren?
5. Comprométete a traer orden a esas áreas este año.

Los Pergaminos de Damasco en el siglo 21

Una mente desorganizada es uno de los problemas más serios que tenemos los latinoamericanos, en general, para alcanzar nuestras metas económicas. Pensamos en forma desorganizada y actuamos de la misma manera.

Sin embargo, el primer ingrediente para confrontar una crisis económica como la que estamos viviendo es poner orden en el manejo del dinero en el hogar. Para eso, necesitamos tener un plan. En la mayoría de los países donde no hay un alto nivel de inflación, un sencillo plan para controlar gastos es todo lo que necesitamos para tomar control de nuestras finanzas.

Yo sé que te estoy pidiendo que hagas algo que quizá nunca antes hayas hecho en tu vida. Sin embargo, si no haces algo diferente a lo que has estado haciendo hasta ahora, continuarás obteniendo los mismos resultados. La razón por la que hoy día tienes las luchas con tu vida económica es justamente por la forma en que has estado manejando tu dinero. Si quieres prosperar, debes hacerme caso: ten un plan.

¿Cómo hacemos un sencillo plan para controlar gastos?

Hacer un plan para controlar gastos no es muy complicado. Simplemente tienes que recordar cinco palabras clave:

1. Comprométete
2. Recopila
3. Compara
4. Corrige
5. Controla

1. Comprométete

Lo primero que debes hacer **inmediatamente** es comprometerte con tu pareja, si la tienes, a tener una cita de todo un día, de aquí a treinta días.

Si no tienes cónyuge, entonces establece una cita con tus padres o con alguien de confianza. Dos cabezas piensan mejor que una, y en la abundancia de consejeros hay seguridad, ¿no es cierto?

Debe ser una cita a solas, sin niños, y debes establecerla como un rito que realizarás una o dos veces al año, por el resto de tu vida.

2. Recopila

La razón por la que te debes comprometer a una cita de aquí a treinta días es porque necesitas recopilar información para poder diseñar un
plan inteligente. El propósito del orden es información... y la información
es poder, en este caso, para cambiar tu futuro económico.

Hay un par de maneras bastante efectivas de recopilar información para
saber exactamente a dónde se va el dinero de la casa. Debes elegir la que
te resulte más fácil. Incluso el esposo puede tener un sistema y la esposa podría usar el otro. Eso no afectará al resultado de la recopilación de
información.

La primera manera de recopilar información es escribir en un papel
o en una libreta todos los gastos que realices cada día por los próximos
treinta días.

- Cada cónyuge debe tener una libreta.
- Escribe todos los gastos, hasta los más pequeños.
- Anota la fecha, el tipo de gasto y la cantidad.

La segunda es colocar en algún lugar conveniente en la casa, como por
ejemplo la cocina, una pequeña caja, similar a una caja de zapatos. Luego,
a partir de ese momento y por los próximos treinta días, pedirás un recibo
por cada compra que hagas. No importa lo pequeña que sea la compra.

Si no te dan un recibo, escribe el gasto en un trozo de papel. Cada
noche, cuando llegues a la casa, coloca todos los recibos en la caja de
zapatos.

Ahora detente. No necesitas seguir leyendo esta parte del libro hasta
que tengas el encuentro dentro de treinta días. Recuerda: necesitarás *todo*
el día. No tomes una mañana o una tarde solamente, porque te vas a frus-
trar. Toma el día libre, no hagas ningún compromiso y *tómalo por completo*.

Al comienzo del encuentro, vuelve a leer esta sección y cumple con todas las tareas. Terminarás con un excelente plan para controlar gastos.

3. Compara

Después de treinta días de recopilar información, estamos listos para tener la reunión de todo un día para diseñar un plan. Ese día volcamos todos los recibos de la caja de zapatos sobre la mesa de la cocina (o traemos todos los cuadernos donde anotamos los gastos) y distribuimos en «categorías» todos los gastos del mes.

Aquí están las categorías en las que te recomiendo que dividas todos tus gastos del mes:

Gastos de:

1. Automóvil o transporte
2. Vivienda
3. Comida
4. Deudas
5. Entretenimiento
6. Vestimenta
7. Ahorros
8. Gastos médicos
9. Seguros
10. Otros gastos, Gastos varios o Misceláneos

Sin embargo, antes de trabajar con los gastos del mes, comencemos trabajando con las entradas. Lee el anexo 1 sobre el presupuesto y llena el siguiente formulario:

Planilla de ingresos

¿Cuánto aporta a casa el esposo?	$ _____	Anota la cantidad de dinero que realmente aportas al hogar, después de que te dedujeron los impuestos gubernamentales.
¿Cuánto aporta a casa la esposa?	$ _____	Lo mismo que el punto anterior.
¿Cuánto ganan con su negocio propio?	$ _____	Cantidad de dinero en promedio mensual que se aporta al hogar. No se olviden de deducir los impuestos correspondientes antes de colocar la cantidad.
¿Cuánto reciben de alquiler?	$ _____	Si no están alquilando nada a nadie, dejen la casilla en blanco.
¿Cuánto reciben en intereses del banco?	$ _____	Si la cantidad es apreciable y suficiente como para causar un impacto en el plan mensual.
¿Hay alguna otra entrada de dinero?	$ _____	Si es esporádica, trata de establecer un promedio mensual. Si les devolverán dinero de sus impuestos, dividan la cantidad que se espera entre doce.
SUMA TODAS LAS CANTIDADES	$ _____	Estas son las entradas de dinero después de haber pagado sus impuestos.
Resta a la cantidad anterior los impuestos	- $ _____	
Ingreso neto:	$ _____	
Resta a la cantidad anterior tus donaciones	- $ _____	Recordemos que mejor es dar que recibir... Aprendamos a tener un carácter generoso.
Este es tu DINERO DISPONIBLE **(DD)**	$ _____	Esta es la cantidad de dinero con la que tienes que aprender a vivir.

Ahora que ya sabes cuál es tu dinero disponible, debes *comparar* esa cantidad con tus gastos reales. Para eso, lee el anexo 2 y completa el siguiente formulario:

1. Auto o transporte $_____
2. Vivienda $_____
3. Comida $_____
4. Deudas $_____
5. Entretenimiento $_____
6. Vestimenta $_____
7. Ahorros $_____
8. Gastos médicos $_____
9. Seguros $_____
10. Gastos varios $_____
11. Otros gastos $_____

TOTAL (gastos reales): $_____

Lo que tenemos que hacer ahora, por un lado, es tomar el DD (dinero disponible), restarle el área de los gastos, y eso nos va a dar una idea de cómo andamos económicamente. Ese número final es como el termómetro de tu vida económica, la radiografía de tus finanzas. Es la cantidad real de dinero con la que te estás quedando en el bolsillo al final de cada mes:

Dinero disponible: $_____

(menos)   –

Total (gastos reales): $_____

Este es el dinero que queda: $_____ (¿positivo?/¿negativo?)

Balance: $_____

¿Te da positivo o negativo?

Si te da positivo, mírate en el espejo. Puede que tengas la piel verde, la cabeza grande y ovalada y los ojos amarillos. En ese caso, confirmaríamos lo que me temo: ¡Eres de otro mundo!

En realidad, te mando mis felicitaciones. Perteneces a un grupo muy reducido de personas en el planeta Tierra. Lo único que tienes que hacer ahora es ajustar tu plan de acuerdo a tus sueños y planes para el año que viene. Andas por el buen camino.

Si el balance es negativo, entonces debes «corregir» el plan.

4. Corrige

Si la resta anterior te dio un número negativo, ¡bienvenido(a) al club! La mayoría de las personas en este mundo tiene tu mismo problema: gastan más de lo que ganan. Ese número negativo significa que vas a tener que hacer algunos cambios importantes.

Te vas a tener que poner de acuerdo con tu cónyuge (si lo tienes) para reajustar los gastos y «pactar» cuánto se va a gastar mensualmente en cada una de las categorías. Aquí es donde vencer la *ley del corazón infeliz* con el *contentamiento* marca una gran diferencia.

Vas a tener que mirar seriamente los gastos que están teniendo y tomar algunas decisiones de «vida o muerte».

Frente a esta situación, tienes tres decisiones:

1. Bajas tus gastos: tu nivel de vida, tu estatus social.
2. Incrementas tus ingresos.
3. Haces las dos cosas al mismo tiempo.

No deberías tomar un segundo trabajo solamente para mantener tu estatus social. Estarías sacrificando lo trascendente sobre el altar de lo intrascendente.

Tampoco enviaría a mi esposa a trabajar fuera de la casa para mantener mi nivel de gastos por la misma razón, a menos que sea de una manera temporal para asignar su salario al pago de deudas o alguna situación similar. No es que esté en contra de que la mujer trabaje fuera de la casa... ¡es que ya trabaja dentro de la casa!

Si ella quiere trabajar porque ese es su llamado y su deseo, creo que está perfectamente bien que lo haga. Pero si su deseo es el de estar con sus hijos y ser el apoyo que la familia necesita en casa, yo, como esposo, no planearía que salga a trabajar sólo por mantener nuestro nivel de gastos.

No sé cuáles sean esas decisiones difíciles que necesitas tomar, pero te doy una lista de algunas decisiones tomadas por gente a la que he aconsejado:

- Mudarse de barrio.
- Mudarse de ciudad.
- Volverse a su país de origen.
- Vender la casa.
- Mudarse a la casa de los suegros.
- Vender los autos.
- Vender otras propiedades.
- Cancelar membresía del club.
- Sacar a los niños de la escuela privada.
- Comenzar a comprar ropa usada.
- Cambiar de profesión.
- Poner en alquiler la casa de la que son dueños y alquilar algo mucho más pequeño.
- ...y cosas por el estilo.

¿Estás listo(a) para tomar esas decisiones y preparar un nuevo plan? Entonces, toma un tiempo para llenar este formulario:

Categoría	Gastos ahora	Nuevo plan
Ingreso NETO:		
Menos donaciones:		
Dinero DISPONIBLE:		
Gastos:		
Auto/Transporte		
Vivienda		
Comida		
Deudas		
Entretenimiento		
Vestimenta		
Ahorros		
Gastos médicos		
Seguros		
Gastos varios		
Otros gastos		
TOTAL GASTOS		
DIFERENCIA:		

5. Controla

Ahora voy a compartir contigo uno de los secretos más importantes para ser exitoso en el manejo del dinero: cómo controlar el plan que acabamos de terminar de hacer.

De nada sirve ponernos de acuerdo en cuánto vamos a gastar en cada categoría si, cuando llega la hora de la verdad, no podemos controlar nuestros gastos. Hay varias maneras de controlar un plan. Una de ellas es a través de un sistema de planillas en el que cada categoría tiene su planilla. Cada vez que hacemos un gasto, escribimos en la planilla correspondiente el gasto realizado y llevamos la cuenta cada día de cómo estamos gastando nuestro dinero en cada categoría.

Ese es un sistema muy apropiado para gente detallista y gente que ama los números. En general, incluso individuos con ese tipo de personalidad están migrando rápidamente hacia la segunda manera de controlar el plan: por computadora.

Existen en el mercado un número importante de programas de computadora, tanto en inglés como en español, para el manejo de las finanzas a nivel individual, familiar y de negocios. Nosotros usamos uno en nuestro hogar desde comienzos de los años noventa. Nos ha dado un excelente resultado y, si tienes acceso a una computadora, te recomiendo que inviertas algún dinero en comprarte un programa de manejo financiero que te permitirá tener información detallada sobre tu patrón de gastos.

El tercer sistema, que también usamos en casa desde comienzos de los noventa y que tú puedes usar en tu casa sin necesidad de planillas ni computadoras, es el sistema de controlar gastos por sobres. Realmente funciona.

Nosotros usamos la computadora para obtener información, pero usamos los sobres para controlar la forma en que gastamos nuestro dinero.

Para saber cómo establecer un sistema de control del plan por sobres (usando, lo que llamamos en casa los «días de pago familiar»), por favor, lee el anexo 3 y luego rellena el siguiente formulario:

Categorías	Días de pago familiar			
	1	8	16	24
Total de retiro				

Muy bien. Ahora tienes un plan personal o familiar y también tienes una forma concreta y práctica de controlarlo.

El primer ingrediente para vencer la crisis y lograr la prosperidad integral está en tus manos. No te desanimes. Tú puedes tomar control de tus finanzas. No te dejes desanimar por aquellos que te dicen que no lo vas a poder hacer.

Tampoco te dejes desanimar por los errores que puedas cometer mientras tratas de cambiar tus hábitos. No desmayes. Aprende de tus errores y continúa hacia adelante.

Una vez leí el libro *Nada me detendrá*, de Cynthia Kersey, y me llamó la atención una serie de ideas que me gustaría compartir contigo para animarte.[2]

Cuando Cristóbal Colón cometió un error en sus cálculos y en vez de llegar a la India se topó con el continente americano, ¿fue eso un fiasco o un triunfo?

Cuando Thomas Edison descubrió la forma de crear una lamparita eléctrica después de haber fallado 4,000 veces, ¿fue un fracasado o un exitoso?

Henry Ford siempre decía: «Estoy buscando hombres que tengan una capacidad infinita para no saber lo que no se puede hacer». Todo el mundo sabe lo que no se puede hacer, ¡pero son sólo aquellos que no quieren saber lo que no se puede hacer los que finalmente logran lo imposible!

«Liquida tu negocio ahora mismo y recupera lo que puedas de tu dinero. Si no lo haces, terminarás sin un centavo en el bolsillo», le dijo el abogado de la ahora famosísima multimillonaria Mary Kay Ash, apenas unas semanas antes de que abriera su primer negocio de cosméticos.

«Una cadena mundial de noticias nunca va a funcionar», es lo que le dijeron a Ted Turner los «expertos» cuando presentó por primera vez su idea de crear CNN.

¿Quién te está diciendo que no puedes armar y manejar un plan de control de gastos? ¿Tu propia inseguridad? ¿Quizá tu propia familia? ¿Tus amigos? ¿Los compañeros de trabajo? ¡No los escuches!

Tú puedes, si quieres.

El futuro está en tus manos.

Pergamino Quinto

La ley de la siembra y la cosecha

Sólo un par de días después de haberse cumplido el primer mes desde que las tropas del general Khalid ibn al-Walid irrumpieran en Damasco, Maurus era un hombre diferente. A pesar de que su ciudad había caído en manos del flamante califa Umar, y pronto se convertiría en la capital del Califato, él ahora veía la vida de forma distinta... ¡y solamente había visto cuatro de los diez pergaminos!

El camino no había sido fácil. Cuando comenzó, su intención no había sido llegar a la Iglesia de San Ananías para iniciar un ayuno especial de cuarenta días. Nunca es fácil negarse a uno mismo y dejar de ingerir alimentos sólidos por tanto tiempo para dedicarse a la meditación por un período tan prolongado.

Por otro lado, esa noche tampoco esperaba estar lejos de su familia, su prometida y sus responsabilidades en el negocio por tanto tiempo. Todo le parecía un sueño increíble.

Los encuentros nocturnos y los días de meditación se estaban convirtiendo en una experiencia como la que nunca había tenido en su vida; y, quizá, como la que nunca iba a tener. Cada encuentro con los pergaminos había sido transformador.

Cada uno de ellos moldeaba su vida como una vasija es moldeada por las manos del alfarero; y esa noche de octubre, él iba a ser moldeado por una de las leyes más importantes que afectan a la experiencia humana: *la ley de la siembra y la cosecha*.

Cuando Sofronio, el patriarca de Jerusalén, tomó el Pergamino Quinto de las manos de Simeón, hizo una pausa y se quedó por un momento absorto en sus propios pensamientos. Luego lo depositó cuidadosamente sobre la mesa de cedro, y colocando delicadamente sus ancianas manos sobre él, dijo:

—Maurus, la ley que vamos a estudiar el día de hoy es, probablemente, la ley más significativa que aprenderás en tu vida. Afectará tu futuro como ninguna otra ley universal. Te llevará por el camino de la prosperidad o de la destrucción, y habrá muy pocas cosas que puedas hacer para contrarrestarla una vez que haya comenzado a aplicarse. Presta atención, hijo mío.

Y dicho eso, abrió el pergamino y comenzó a leer:

De todas las leyes que estudiamos hasta ahora, esta es la única ley que te guiará tanto a la destrucción como a la restauración económica: *la ley de la siembra y la cosecha*. Fue Pablo de Tarso mismo quien nos enseñó esta ley. Él nos escribió en una de sus cartas: «todo lo que el hombre sembrare eso también cosechará».[1]

Cuando el hijo más joven en la *parábola del padre amoroso* se fue a un país lejano y derrochó el dinero de su herencia, inmediatamente comenzó a cosechar lo que había sembrado en su vida. En la historia que nos contara el Maestro, dice: «Ya se había quedado sin nada, cuando comenzó a faltar la comida en aquel país, y el joven empezó a pasar hambre». Él había sembrado un corazón infeliz, un alma impaciente, un espíritu independiente y una mente desorganizada, y ahora estaba cosechando el fruto de su irresponsabilidad: la destrucción económica. Cada acción que emprendas en la vida tiene sus consecuencias. Seguramente que, mientras había plenitud de alimentos en el país, al acabársele el dinero el joven pudo vivir de la bondad de algunos de los amigos que lo rodeaban cuando tenía riquezas. Sin embargo, cuando la crisis llegó, cada uno probablemente comenzó a mirar por su propia supervivencia, y al joven insensato se le acabaron los amigos.

Esto demuestra otra verdad que hemos observado a lo largo de los siglos: cuando la economía de una ciudad o de un país marcha bien, es muy difícil diferenciar a aquel que está sembrando bien de aquel que está sembrando mal. No es hasta que llegan las dificultades que uno ve quién construyó bien y quién construyó mal. No es hasta que vienen las tormentas que uno se da cuenta quién construyó su casa sobre la roca y quién la construyó sobre la arena. Cuando los tiempos son buenos, parecería ser que aquellos que toman atajos y hacen las cosas de forma mediocre avanzan más rápidamente. Parecería que acumulan más recursos y disfrutan más de las cosas buenas de la vida. Pero es cuando vienen los tiempos de tribulación cuando se ve realmente quién ha sembrado sólidamente en su vida económica, porque esos son los que sobreviven. Piensa en qué siembras y cómo siembras. Si deseas que la ley de la siembra y la cosecha trabaje a tu favor y te traiga el beneficio de la prosperidad para tus negocios y tu familia, entonces debes sembrar cosas como...

* madurez de carácter
* verdadera felicidad y contentamiento
* paciencia
* perseverancia
* humildad
* integridad y honestidad
* sabiduría de lo alto
* trabajo duro
* orden
* tu relación con Dios

Esta es una ley que va en contra de nuestro propio deseo de supervivencia: cuando el agricultor tiene semilla en sus manos y su familia tiene hambre, él sabe que no puede darles esa semilla a sus hijos; debe sembrarla. Si se come la semilla, su familia ciertamente morirá. Pero si se niega a sí mismo y entrega la semilla al campo, en unos meses tendrán decenas de veces más de lo que hayan sembrado. La ley de la siembra y la cosecha requiere sacrificio personal. Debes preguntarte a ti mismo qué debes sembrar en tu vida personal, qué debes sembrar en la vida de tu familia, qué debes sembrar en la vida de tus clientes y proveedores de tu negocio. Pregúntate...

* ¿Debes sembrar perdón en la vida de alguien?
* ¿Debes sembrar compasión en la vida de un deudor?
* ¿Debes sembrar recursos económicos en el reino de Dios?
* ¿Debes sembrar olvido para con los que te han hecho algún mal?

Ahora conoces una verdad inalterable: tus actos tienen consecuencias.

Tras haber leído ese último párrafo, el instructor cerró el Pergamino Quinto y se lo pasó a Simeón bar Radhani, el hombre que había cuidado de ellos toda su vida. Simeón devolvió el documento a su vasija correspondiente y, mientras sellaba con cera nuevamente el recipiente, Sofronio agregó:

—Las preguntas que me has escuchado leer, Maurus, son exactamente las interrogantes en las que quiero que medites hasta que nos volvamos a ver. Como siempre, las escribí en estas tablas. Llévatelas a tu aposento y hablaremos de tus descubrimientos cuando nos veamos nuevamente.

Maurus intercambió las tablas de cera con su mentor y se fue en silencio a su alcoba. Sabía en lo profundo de su corazón que había sembrado incorrectamente en el pasado, especialmente, en el área de las relaciones de negocios y el perdón de las ofensas. Se preguntaba qué podía hacer para revertir esas situaciones.

Se durmió soñando con un campo listo para la siembra...

Los Pergaminos de Damasco en el siglo 21

A pesar de vivir hoy en un lugar y un tiempo muy diferentes a los de la historia que estamos leyendo, *la ley de la siembra y la cosecha* es tan relevante hoy como lo fue en el momento de la Creación.

Todos nuestros actos tienen consecuencias y, muchas veces, los problemas que vivimos son una consecuencia de lo que sembramos en el pasado. Por ejemplo:

- La crisis de bienes raíces en Estados Unidos, y muchos otros países desarrollados, fue consecuencia de haber sembrado la codicia en el mercado. Los que procesaron las hipotecas codiciaron las comisiones que recibirían, los bancos codiciaron el dinero de los intereses de los malos préstamos, los agentes de bolsa codiciaron el incremento del valor de sus inversiones, el gobierno codició el crecimiento económico y los impuestos, y los individuos y familias codiciaron casas y propiedades que no podían pagar.
- También fue consecuencia de sembrar falta de orden al eliminar las reglas y regulaciones del Acta Glass-Steagall de 1933 que proveían cierto orden al mercado, hasta 1999.
- Las deudas familiares y personales son muchas veces el resultado de haber sembrado desorden e impaciencia en nuestra vida económica.

- Muchos problemas financieros «inesperados» son el resultado de no haber ahorrado con regularidad cuando los tiempos eran buenos. Uno siembra despilfarro y cosecha dolores de cabeza.

- Una muy buena cantidad de negocios «increíbles y que no pueden fallar» fallan por falta de sembrar paciencia. La gente quiere hacer la mayor cantidad de dinero en el menor tiempo posible y, eso eventualmente lleva a tomar decisiones irracionales o equivocadas.

Quiero que pienses: ¿Qué has estado sembrando en tu vida económica desde la edad en que comenzaste a trabajar? ¿Has estado sembrando...

- madurez de carácter?
- verdadera felicidad y contentamiento?
- paciencia?
- perseverancia?
- humildad?
- integridad y honestidad?
- sabiduría de lo alto?
- trabajo duro?
- orden?
- generosidad con los demás?

Me gustaría que meditaras en las mismas preguntas que el joven Maurus recibió en este encuentro. Muchas veces, la gente quiere llegar al éxito pero no está dispuesta a pagar el precio para alcanzarlo. El precio, sin embargo, no se mide solamente en tiempo, dinero y esfuerzo. Esas son las cosas más fáciles de invertir.

A veces se requiere sembrar cosas mucho más difíciles, como el perdón, la compasión, o la honestidad e integridad personal.

* * *

Pregúntate lo siguiente:

1. ¿En la vida de quién deberías sembrar el perdón? Piénsalo seriamente. Esto puede ser doloroso, pero vale la pena. ¿Cómo vas a sembrar el perdón en ese caso?

_____

_____

_____

_____

_____

2. ¿Deberías sembrar compasión en la vida de alguien que te debe dinero? ¿De qué manera lo vas a hacer?

_____

_____

_____

_____

_____

3. ¿Cómo puedes sembrar recursos económicos en el reino de Dios o en obras de caridad para ayudar a la humanidad? La generosidad es esencial para prosperar en forma integral. ¡No seas tacaño(a)! Escribe, específicamente, a qué organización o a quién comenzarás a ayudar.

_____

_____

_____

_____

_____

_____

4.   ¿Debes sembrar olvido en alguien que te ha hecho algún mal?
Escríbelo aquí. ¡Olvídalo! Te liberará.

_____

_____

_____

_____

_____

5.   Ahora escribe cualquier otra idea que te haya venido a la cabeza con
respecto a lo que necesitas sembrar en tu vida en este momento para
cosechar tus sueños en el futuro:

_____

_____

_____

_____

_____

_____

Yo no me considero alguien muy religioso; sin embargo, por alguna
razón, cuando terminé de escribir este capítulo vino a mi mente la famosa
oración de San Francisco de Asís. Creo que representa un poco la actitud
que deberíamos tener con respecto a la vida: ser sembradores antes de
buscar el participar de la cosecha.

Que la disfrutes...

Oh, Señor, hazme un instrumento de tu paz.

    Donde haya odio, que lleve yo el amor.

    Donde haya ofensa, que lleve yo el perdón.

    Donde haya discordia, que lleve yo la unión.

    Donde hay duda, que lleve yo la fe.

    Donde hay error, que lleve yo verdad.

    Donde hay desesperación, que lleve yo alegría.

    Donde hay tinieblas, que lleve yo la luz.

Oh, Maestro, que yo no busque tanto

    ser consolado, como consolar;

    ser comprendido, como comprender;

    ser amado, como amar.

Porque:

    Dando, se recibe;

    Olvidando, se encuentra; y

    al morir se resucita

    a una vida eterna con Dios.[2]

Pergamino Sexto

La ley de las manos productivas

Cuando llegó la noche de su sexto encuentro, el joven Maurus supo por su padre que el comercio estaba poco a poco retornando a la ciudad de Damasco y que los ejércitos musulmanes, en vez de destruir la ciudad, planeaban usarla como una plataforma para sus operaciones en esa zona del mundo.

Esos rumores finalmente se cumplieron cuando Damasco se convirtió en la capital del Califato y, desde allí, el califa Umar se lanzó al desarrollo de uno de los imperios más extensos en la historia del mundo, abarcando trece millones de kilómetros cuadrados.[1]

Al escuchar a su padre, Maurus dejó escapar un suspiro de alivio. Eran, sin duda, buenas noticias para todos los habitantes y mercaderes del área, pero especialmente para él. La decisión del califa Umar de no haber destruido la ciudad aseguraba que su prometida y el séquito que la acompañaba a Damasco podrían finalmente entrar en la ciudad sin que sus vidas corrieran peligro. Aún no había recibido noticias suyas, pero albergaba en el corazón la esperanza de que pronto la vería nuevamente. Y al reencontrarla, planeaba compartirle no sólo su amor, sino prepararse para sus próximas nupcias compartiendo con ella la experiencia por la que estaba pasando en esos cuarenta días.

En la noche de su séptimo encuentro, Maurus comenzó su conversación con el patriarca Sofronio confesando que la ley irrefutable de la siembra y la cosecha había causado un profundo impacto en su vida. En los últimos cuatro días, él había estado haciendo una lista de los lugares en los que debía sembrar y las actitudes que debía corregir.

—Muy bien hecho —dijo el prelado—, cuanto antes comiences a sembrar, antes comenzarás a cosechar el fruto de tu sacrificio personal. El futuro de los Mercaderes de Cristo dependerá en gran manera de que tu generación de mercaderes aprenda y aplique esta ley irrefutable. Recuerda los grandes contrasentidos que dan poder al mensaje del cristianismo:

Debes morir para vivir,
Debes dar para recibir,
Debes ser un siervo de los demás para ser su líder,
Debes perder para ganar,
Debes humillarte para ser afirmado,
Debes considerar tus ganancias como pérdidas por Cristo,
Debes aprender a ser necio, para ser sabio.[2]

Y dicho eso, extendió sus brazos para recibir de las manos de Simeón el siguiente pergamino.

Cuando lo abrió, lo comenzó a leer:

La ley que aprenderás en este día marca un momento importantísimo en la vida del hijo perdido: el momento del cambio. Hasta ahora, el joven de nuestra historia se hallaba en el camino de la destrucción económica. Hoy comenzará a construir un nuevo futuro. No importa cuán bajo hayas caído en la vida, lo último que debes perder es la esperanza. Siempre existe la esperanza de la restauración. Las crisis vienen y van. Los imperios nacen, se desarrollan y mueren. Pero en medio de las dificultades, las derrotas y la muerte, debes saber que puedes volver a vivir y ser restaurado. La ley que estudiaremos hoy es la primera ley irrefutable de la restauración económica: *la ley de las manos productivas.*

En la *parábola del padre amoroso* se dice que el joven rebelde...

Ya se había quedado sin nada, cuando comenzó a faltar la comida en aquel país, y el joven empezó a pasar hambre. Entonces buscó trabajo, y el hombre que lo empleó lo mandó a cuidar cerdos en su finca.

Algo increíble y profundo ocurrió en la vida de este joven. En medio de esa situación de desesperación, de hambre y de peligro de muerte, de pronto, como una revelación de lo alto, le vino a la mente un pensamiento que tal vez jamás se le había ocurrido antes: ¡se dio cuenta de que podía *trabajar*!

Es muy probable que, habiendo crecido en la casa de un padre con mucho dinero, él nunca hubiera tenido que trabajar con sus manos. Siempre tuvo siervos que hacían las cosas por él. Nunca se dio cuenta de la conexión que existía entre el trabajo y la acumulación de bienes.

Esta decisión marca el principio de su proceso de madurez en la vida. Este es el momento en el cual él ha pasado de ser un niño a ser un hombre. Ha dejado el camino de la irresponsabilidad para hacerse responsable de su propio futuro. También has de notar que, de alguna forma, el muchacho tenía la información apropiada dentro de su corazón: el trabajo es la principal fuente de recursos para la supervivencia y el desarrollo. No sabemos cómo esa información le llegó; quizás fuera el ejemplo de su padre. Después de todo, si su familia era tan rica, probablemente fuera porque su padre sabía trabajar y administrar bien las ganancias de su hacienda.

Y aquí hay una enseñanza importante para aquellos que habrán de ser padres: el ejemplo no es solamente una de las maneras más efectivas de enseñar a los hijos; es la única que realmente produce resultados. Los padres debemos ser ejemplo y modelo para nuestros hijos.

Cuando el patriarca Sofronio leyó esas palabras, Maurus pensó inmediatamente en el ejemplo que su propio padre, Simeón, había sido para él. Miró las manos desgastadas por el trabajo arduo y la piel de su rostro que mostraba el impacto del tiempo. Su padre siempre había sido un ejemplo para él de trabajo y abnegación.

Le había enseñado a levantarse temprano y a trabajar duro, a dar lo mejor de sí cada día de su vida y a buscar la excelencia en cada tarea realizada. Le había mostrado cómo perseverar a pesar de las dificultades, a ser íntegro y honesto en sus negocios, a ser ordenado y a construir su negocio con paciencia en vez de caer en las manos de los prestamistas.

Maurus miró a su padre a los ojos, le puso la mano en el hombro y, asintiendo con su cabeza sin decir una palabra, le palmeó cariñosamente la espalda, como diciendo: «Ese padre eres tú». Sofronio miró el intercambio entre padre e hijo, desplegó una sonrisa complacida y continuó la lectura:

La ley de las manos productivas es la primera ley diseñada para sacarte de la pobreza y de las situaciones de crisis. Fue establecida en el Huerto del Edén cuando nuestro Dios colocó al hombre en ese huerto para que lo «cultivara y lo cuidara». Cultivar el huerto habla de *producción*. Guardarlo habla de *administración*. He aquí las dos columnas fundamentales para la restauración económica: producción y administración. La una no puede ser efectiva sin la otra.

Producir para prosperar

La producción debe ser abundante,
constante, excelente y orientada a
satisfacer las necesidades de los demás.
Si quieres salir de la crisis, deberás producir
abundantemente. Los árboles producen abundante
fruto; el trigo produce abundante semilla, las ovejas
producen abundante lana y las vacas, abundante leche.
La creación entera tiende hacia la abundancia.

Cuando la lluvia abunda, la tierra prospera. Cuando
tú produces abundantemente, tu familia prospera.

Amarás el trabajo arduo. Te regocijarás cuando
produzcas mucho. Odiarás perder el tiempo y te
apartarás de los ociosos.

Sin embargo, no sólo deberás producir mucho y
constantemente, sino también lo habrás de hacer con
excelencia.

Tú eres una criatura de Dios. Él te hizo a su imagen y
semejanza. Dios es perfecto en todo lo que hace, y tú
buscarás la perfección en todos tus trabajos. Al
terminar tus tareas del día, deberás poder mirar a tu
trabajo y decir: «¡Está bien hecho!»

Y, finalmente, servirás a los demás y no buscarás ser
servido. Si deseas ser un líder, debes servir. Servir a
Cristo, primero, y luego a las demás personas a tu
alrededor. No te debe importar si es tu amigo o
enemigo, si es judío o griego, esclavo o libre. Deberás

poner a los demás por delante de tus propios
intereses.

Buscando el bien de los demás construirás tu
propio bien.

Tú has sido creado con un propósito específico,
para resolver un problema en este mundo. Piensa:
¿cuál es ese problema? Probablemente lo que más te
moleste en el mundo sea precisamente el problema
que Dios quiere que resuelvas. Piensa: ¿qué cosas
son las que más te molestan en este mundo?

Deberás buscar una labor que esté de acuerdo
con la pasión que tienes en tu corazón. Sin embargo,
en los momentos de crisis, debes buscar tu sustento
trabajando en lo que sea. Cualquier trabajo que no
sea ilegal es honroso, ¡incluso cuidar cerdos!

En esto se demostró el cambio de actitud del
joven en su marcha hacia la restauración: en que
eligió trabajar, aunque tuviese que hacerlo en las
peores condiciones y el trabajo encontrado estuviera
en contra de sus propias preferencias personales.

Administrar para prosperar

Si bien hemos visto que la producción debe ser
abundante, constante, excelente y orientada a
satisfacer las necesidades de los demás, eso no es
suficiente. También deberás administrar con
excelencia la producción realizada.

Si no administras apropiadamente, tu trabajo se echará a perder. Por ejemplo: si no cosechas el trigo a tiempo, no tendrás trigo para tu familia. Si no plantas a tiempo, no tendrás trigo para cosechar.

En el mundo todo tiene un orden. Antes de la Creación, la tierra estaba desordenada y vacía; mas Dios trajo orden al desorden. Trajo armonía al caos. Tú debes comportarte de la misma manera.

Debes saber cuándo plantar y cuándo cosechar. Debes conocer los tiempos y ordenar el trabajo. Debes saber cuándo es el tiempo de comprar productos y cuándo es el tiempo de venderlos. Debes saber cuándo recibir una caravana y cuándo la debes enviar.

Debes ordenar tus compras y entender tus ventas. Debes conocer cuánto dinero necesitas para hacer funcionar tu negocio y cuánto es lo mínimo que debes vender cada semana para obtener ganancias.

Si quieres retener el fruto de la labor de tus manos, deberás ordenar el caos que genera el mundo de los negocios. Deberás ordenar, por ejemplo, las cuentas de tu negocio y las cuentas de tu casa, empezando por tu casa.

Esta es la primera ley irrefutable de la restauración económica, la ley de las manos productivas: debes producir en abundancia y administrar con inteligencia.

Dicho esto, el instructor Sofronio cerró el pergamino con mucho cuidado y se lo pasó a Simeón, el protector de los rollos, para la presente generación.

Simeón volvió a colocar el Pergamino Sexto dentro de su correspondiente vasija cubierta con su respectiva envoltura de oro repujado y comenzó el proceso de sellarla nuevamente con cera para su protección.

Luego, el obispo miró al joven y le dijo:

—Maurus, todas las leyes que vimos hasta ahora eran leyes negativas a las que tenías que oponerte, leyes que te llevarían a la destrucción económica. Esta es la primera ley que te llevará por el camino de la reconstrucción.

»No importa cuánta sea la destrucción o cuánto hayas perdido. Siempre puedes comenzar de nuevo, si sabes *producir* y *administrar*. Esa es la razón por la cual muchos de nuestros parientes en Golah o Galuth[3] siempre han podido reconstruir sus vidas económicas a pesar de vivir terribles situaciones de persecución y opresión. Todos los habitantes de Damasco vimos con angustia que, hace un mes, nuestra ciudad comenzó a vivir una gran crisis. Sin embargo, quiero que sepas que lo último que debes perder es la esperanza. Ahora, entrégame las tablas con lo que escribiste en estos cuatro días y toma las mías con las preguntas que quiero que pienses y contestes.

»Le estoy indicando a mi escribano que copie todas tus respuestas y mis comentarios en un pergamino que te daré al final de estos cuarenta días, para que nuestras palabras perduren para la posteridad. De esa manera, tú tendrás tus notas, los pergaminos y mis comentarios para poder cumplir con la tarea de enseñar estos principios a los Mercaderes de Cristo de tu generación e instruir a quien te suceda en la tarea de instructor. Recuerda elegir también un protector cuando los tiempos mejoren».

Tras haber dicho esto, el obispo Sofronio, recientemente elegido patriarca de Jerusalén, leyó las siguientes preguntas:

1. ¿Qué has aprendido en la casa de tu padre con respecto a la ley de las manos productivas?

2. ¿Cómo se comparan las enseñanzas que recibiste con lo que otras familias o el mundo enseña a sus hijos?

3. ¿Cuál ha sido la actitud de tu corazón con respecto al trabajo duro y abnegado habiendo crecido en una familia rica?

4. ¿Cómo incrementarás tu producción personal cuando vuelvas al negocio de tu padre?

5. ¿Qué ideas puedes compartir con tu padre para mejorar la administración del negocio familiar?

6. ¿Cómo administrarás tu tiempo y tu negocio para que puedas trabajar arduamente, pero tengas tiempo para Dios, tu esposa y tus hijos?

7. Haz una lista de las enseñanzas más importantes que aplicarás a tu vida de todo lo escrito en el Pergamino Sexto.

Los Pergaminos de Damasco en el siglo 21

El trabajo arduo y la buena administración de los recursos producidos son las piedras fundamentales para el desarrollo económico. Es el lugar donde la pobreza comienza a ser derrotada. Es el primer peldaño en la escalera del éxito. Es el comienzo del final de la crisis.

La ley irrefutable de las manos productivas nos enseña que trabajar duro no es suficiente; también hay que administrar apropiadamente lo que producimos. Esa es la razón por la que algunos países del mundo, a pesar de ser excelentes productores, no prosperan económicamente; hace falta manejar los recursos producidos con capacidad, sabiduría, integridad y honestidad.

Para este pergamino, me gustaría que revises de nuevo el capítulo que acabas de terminar de leer y hagas lo siguiente:

1. Vuelve a escribir las «Paradojas para el éxito» (los llamamos *contrasentidos que dan poder al mensaje del cristianismo*):

_____

_____

_____

_____

_____

_____

Piensa qué significan estos contrasentidos en tu vida y cómo los deberías vivir cada día.

2. Repasa el capítulo y coloca un círculo alrededor de cada una de las cosas que modeló Simeón para su hijo Maurus. Luego, escribe esas palabras o frases a continuación. Modelar hábitos correctos es esencial para que la siguiente generación sea más próspera que la anterior.

Por ejemplo: Simeón le enseñó a su hijo...

El trabajo arduo

Abnegación

Levantarse temprano

Continúa escribiendo:

_____

_____

_____

_____

_____

_____

_____

3.   Piensa: ¿Tienes un negocio? ¿Lo estás administrando bien? Escribe a continuación qué necesitas para administrar mejor tu vida económica personal, familiar o del negocio:

_____

_____

_____

_____

4.   Completa: la producción debe ser A_____, C_____, E_____ y orientada a satisfacer las necesidades de los demás.

5.   Piensa: ¿Qué sabes hacer bien? ¿Qué tipo de trabajo podrías hacer todo el día sin cansarte o aburrirte?

_____

_____

_____

_____

6.   Escribe qué cosas realmente —realmente—, te frustran o te molestan en la vida:

_____

_____

_____

_____

Las cosas que te frustran o te molestan en la vida puede que sean las cosas que Dios te ha asignado para resolver en el mundo. Ese puede ser tu propósito, tu razón de existir.

7. Piensa en algunas necesidades que tiene la gente en tu ciudad o en tu comunidad y que están relacionadas con las cosas que te apasionan o los problemas que quieres resolver en el mundo:

_____

_____

_____

_____

_____

_____

8. ¿Cómo puedes mejorar el trabajo que haces? ¿Cómo lo puedes hacer de manera más excelente?

_____

_____

_____

_____

9. Si tuvieras toda la autoridad y el dinero que necesitaras, ¿cómo cambiarías la forma en la que haces tu trabajo para ser más eficiente?

_____

_____

_____

_____

10. ¿Cuáles son las ideas más importantes que te llamaron la atención del Pergamino Sexto? Escribe aquí, quizá, algo que hayas subrayado o marcado mientras leías.

_____

_____

_____

_____

_____

_____

_____

_____

Pergamino Séptimo

La ley del corazón humilde

E ste pergamino —dijo el patriarca Sofronio mientras lo colocaba cuidadosamente sobre la mesa de cedro, situada casi en el centro de la habitación secreta debajo del altar de la Capilla de San Ananías— será uno de los mensajes que te resultará más difícil de obedecer: el mensaje de la humildad.

—¡Sin duda fue difícil para mí! —admitió Simeón ante su hijo—. Al principio pensé que era sencillo de entender y fácil de obedecer. No obstante, cuanto más viejo me vuelvo, más me doy cuenta de lo difícil que es desarrollar un carácter humilde.

—Sin embargo, padre, yo siempre te he considerado un hombre con profunda humildad, similar a la de nuestro Señor.

—Ahora, entonces, estás aprendiendo algo muy importante: lucharás contra tu orgullo durante el resto de tu vida —explicó su padre con una resignada sonrisa, mientras tomaba su lugar en la habitación y dejaba el espacio para que el obispo pudiera leer el pergamino.

Cuando el religioso abrió el documento, leyó con voz clara y pausada:

Por mucho tiempo ya hemos estado estudiando la *parábola del padre amoroso*. Esta es una historia que estudiamos con Judas, Ananías y Saulo de Tarso cuando vivían en Damasco. Supimos que vino directamente de los labios de nuestro Señor. En cada pergamino hemos escrito una ley irrefutable, tanto de la destrucción como de la restauración económica.

En este Pergamino Séptimo estudiaremos la segunda ley irrefutable de la restauración económica: *la ley del corazón humilde*. Nunca podrás recuperarte económicamente si no practicas la humildad. Las tormentas de la vida traen destrucción, la destrucción trae pérdidas, y las pérdidas requieren que tomes decisiones. Esas decisiones afectan al orgullo del exitoso mercader, al igual que al de su esposa. Después de la crisis tendrás que empezar de nuevo. Es posible que tengas que vender propiedades. Quizá tengas que mudarte a otro país y, en esa tierra lejana, comenzar sin nada, viviendo como lo hacen los pobres.

En situaciones así, te opondrás y lucharás contra tu orgullo, o nunca podrás tomar libremente decisiones difíciles. Si no lo haces a tiempo, las tomarás muy tarde y caerás en la ruina. Por otro lado, el orgullo aleja el favor y la gracia de Dios sobre tu vida. Debes recordar que un día de su gracia vale más que mil días de trabajo. Deberás imitar al Maestro, siendo manso y humilde de corazón. Un líder de corazón humilde...

Considera a los demás como mejores que él mismo,

Busca el consejo de otros antes de tomar una decisión,

No se deja adular por las personas,

Sabe reconocer el trabajo de otros,

Tiene un concepto balanceado de sí mismo,

Sabe cuándo callar y cuándo hablar,

Se somete a la autoridad de Dios.

Recuerda los siguientes proverbios:

«El orgulloso termina en la vergüenza,
y el humilde llega a ser sabio» (Proverbios 11.2, TLA).

«El orgulloso será humillado,
y el humilde será alabado» (Proverbios 29.23, TLA).

«Riquezas, honra y vida
son la remuneración de la humildad
y del temor de Jehová» (Proverbios 22.4).

«Dios se opone a los orgullosos,
pero trata con amor a los humildes» (Santiago 4.6, TLA).

La *parábola del padre amoroso* dice que el hijo en crisis «...buscó trabajo, y el hombre que lo empleó lo mandó a cuidar cerdos en su finca».

También, dice la historia que tomó una decisión:

Volveré a mi casa, y apenas llegue, le diré a mi padre que me he portado muy mal con Dios y con

él. Le diré que no merezco ser su hijo, pero que
me dé empleo y que me trate como a cualquiera
de sus trabajadores.

Este joven ahora está listo para el cambio. Su
actitud de humildad le está permitiendo escuchar
con mansedumbre la voz de otros. Está
reconociendo humildemente sus errores y eso lo
llevará a comenzar a tomar decisiones correctas.

Además, cuando este joven decidió trabajar con
sus manos, aceptó el peor trabajo que un
muchacho judío puede realizar: cuidar cerdos y
vivir con ellos. Esa actitud, estar dispuesto a
humillarse hasta lo más bajo con tal de salir de la
crisis, le permitió, por un lado, obtener comida; y
por otro, tener tiempo para reflexionar y pensar en
su situación.

Cambiar la arrogancia de la rebelión por un
corazón humilde le permitió darse cuenta de sus
propios errores y estar dispuesto al sacrificio
personal para remediarlos.

Piensa en estas preguntas:

¿Qué errores has cometido de los que no
   te has arrepentido?

¿Qué sacrificio debes hacer que tu orgullo
   no te lo permite?

¿Cómo te relacionas con la gente más pobre que
   tú?

¿Cómo te relacionas con la gente que es diferente a
ti?

¿Cómo demuestras tu humildad con tus siervos?

¿Cómo demuestras tu humildad con tu esposa?

¿Cómo demuestras tu sujeción a la voluntad de
Dios?

Ruega a Dios que te dé un corazón humilde. Si lo
desarrollas y aplicas en tu diario vivir, serás tan
especial como una piedra preciosa en un
mundo de rocas comunes.

Tras haber leído esa frase, el instructor cerró nuevamente el pergamino con
sumo cuidado y, entregándoselo a Simeón el protector, le dijo a Maurus:

—Maurus, hijo mío, un corazón humilde es más valioso que todo el
oro y la plata del mundo. La humildad te ayudará en los momentos de
dificultad. La humildad te salvará de decir lo incorrecto. La humildad
atraerá sobre ti el favor de Dios y de los hombres. La humildad te permitirá ser un mercader con el que todos quieran hacer negocios y un amo
para el que todos sus siervos deseen trabajar con gozo. Humildad no
significa ser débil o no amarte a ti mismo, pues si no te amas a ti mismo
no puedes amar a los demás. Humildad significa saber quién eres, pero
dejar que los demás lo descubran en vez de que seas tú quien lo proclame
desde las azoteas. Humildad es considerar a otros más importantes que
tú mismo, no por debilidad sino por amor. Ahora quisiera que pienses
en las preguntas que me oíste leer del pergamino. Las escribí, como en
cada uno de nuestros encuentros, en estas tablillas de cera. Quiero que
medites seriamente:

1. ¿Qué errores has cometido de los que tu orgullo no te permite arrepentirte?

2. ¿Qué sacrificio quizá debas hacer frente a la invasión que estamos sufriendo que tu orgullo no te permite hacer?

3. ¿Cómo te relacionas con la gente más pobre que tú?

4. ¿Cómo te relacionas con la gente que es diferente a ti? Piensa en cómo te vas a relacionar con los nuevos ocupantes de nuestra ciudad.

5. ¿Cómo demuestras tu humildad con tus siervos?

6. ¿Cómo demostrarás tu humildad con tu esposa?

7. ¿Cómo demuestras tu sujeción a la voluntad de Dios?

Después de decir eso, Sofronio, flamante patriarca de Jerusalén, se puso en pie y depositó en la frente de su alumno un beso paternal. Lo despidió con una bendición sacerdotal y guió al trío por las escaleras nuevamente hacia la superficie. Los despidió por esa noche, y cada uno, sigilosamente, volvió a su lugar de descanso prometiendo reencontrarse nuevamente en cuatro días.

Maurus retornó a su cuarto en las instalaciones de la capilla y, como lo había estado haciendo esas últimas semanas, comenzó a pensar en todas las notas que había tomado y en las respuestas a cada una de las preguntas que le había dado su maestro. Hoy, sin embargo, se encontró frente a frente con un desagradable personaje que no había reconocido antes: el monstruo de su orgullo personal.

Después de haber crecido en una de las familias más privilegiadas de Damasco, nunca se le había pasado por la cabeza hacerse un autoexamen del corazón y evaluar su nivel de humildad: la forma en que veía la vida, cómo se relacionaba con los demás y cómo veía a sus trabajadores, siervos y, especialmente, a su futura esposa. Tenía mucho que pensar esa noche...

Y se quedó pensando hasta que los primeros rayos del sol del Shabat[1] comenzaron a salir por el horizonte.

Los Pergaminos de Damasco en el siglo 21

La humildad ha sido llamada «la reina de las virtudes», pero también ha sido malinterpretada y seriamente atacada por filósofos muy conocidos en el siglo 20. En los últimos decenios, la filosofía del hedonismo nos ha llevado a hacer un profundo énfasis en nosotros mismos y a perder actitudes de humildad que nuestros padres y abuelos mantuvieron.

Nuestros abuelos sabían sacrificarse humildemente por la prosperidad de sus hijos y sus nietos. Nosotros, en nuestro empeño en crecer económicamente, hemos empeñado a nuestros hijos, padres, ¡y a veces hasta a los mismos abuelos!

La humildad te ayudará a tomar decisiones difíciles en medio de la crisis. Esas decisiones, quizá, podrían incluir el vender tu casa, mudarte a un barrio más económico, vender tu automóvil, bajar de estatus social, sacar a los niños de la escuela privada, tomar un trabajo «extra» o cancelar la membresía de algún club.

Después de mucho viajar por el mundo, me he dado cuenta de que la razón principal por la que las familias o los negociantes toman decisiones económicas demasiado tarde es por un problema de orgullo: tienen una «imagen» o un «estatus» que mantener, y no quieren bajarlo. O, quizá, viven en la ciudad y no se quieren ir a vivir al campo o a áreas suburbanas, donde la vida es más barata.

Los latinos en Estados Unidos muchas veces no quieren volver a sus países de origen cuando las cosas no les van bien, porque tienen miedo al «qué dirán» de la gente.

Tú tienes que romper con eso. No puedes dejar que tu orgullo tome decisiones económicas por ti.

Desarrolla un corazón humilde. Te ayudará a tomar decisiones sabias.

* * *

Ahora quisiera que contestaras las mismas preguntas que nuestro estudiante, Maurus, tuvo que responder para su instructor:

1.   ¿Estás en una crisis económica? Piensa ahora con toda honestidad: ¿Qué errores has cometido de los cuales tu orgullo no te permite arrepentirte? Escribe a continuación qué decisiones tomaste que fueron erróneas, o qué leyes irrefutables se aplican a tu situación:

_____

_____

_____

_____

2.   ¿Qué sacrificio debes hacer frente a la crisis económica que estás viviendo? ¿Qué debes sacrificar, pero tu orgullo se opone a que lo hagas?

_____

_____

_____

_____

3.   Mirando las cosas desde el punto de vista de la humildad, ¿cómo crees que es la relación de nuestra gente entre jefes y empleados? ¿Cómo crees que nos relacionamos entre ricos y pobres?

_____

_____

_____

_____

4.   ¿Qué tipo de problemas encuentras al relacionarte con gente que no es de tu raza, tu país, tu posición social, no habla tu mismo idioma o no tiene tu misma religión?

_____

_____

_____

_____

5.   ¿Cómo podrías demostrar humildad con la gente que te sirve (por ejemplo, los meseros en un restaurante, un lustrabotas, o una cajera de supermercado)?

_____

_____

_____

_____

6.   ¿Qué cosas puedes hacer para demostrar más humildad en tu relación con tu esposa o con tu esposo?

_____

_____

_____

_____

7.   Si eres una persona religiosa, ¿qué podrías hacer para rendir tu voluntad más a la voluntad de Dios?

_____

_____

_____

_____

Para terminar, permíteme contarte una historia que encontré en Internet y que tiene que ver con la importancia de la humildad en nuestras vidas:

Caminaba por la calle con mi padre cuando era niño y, de pronto, me preguntó:

—Andrés, además del canto de los pájaros, ¿escuchas algo más en esta calle?

—Sí —contesté—, el ruido de una carreta.

—Muy bien —me dijo—, es una carreta y está vacía.

—¿Vacía? —dije—. ¿Cómo lo sabes?

Mi padre, casi sin pensarlo, respondió:

—Muy fácil... cuanto más vacía está la carreta, mayor es el ruido que hace.

Desde entonces, cuando veo a una persona hablando demasiado, interrumpiendo, siendo inoportuna, presumiendo de lo que tiene, sintiéndose prepotente y menospreciando a la gente, me parece oír la voz de mi padre diciendo: «Cuanto más vacía está la carreta, mayor es el ruido que hace».

La humildad consiste en callar nuestras virtudes y permitirles a los demás descubrirlas. Recuerda que existen personas tan pobres que lo único que tienen es dinero. Nadie está más vacío que aquel que está lleno de «YO MISMO» por dentro.[2]

Practica la humildad con regularidad. Te llevará muy alto.

Pergamino Octavo

La ley del alma arrepentida y la de los labios que confiesan

La lluvia caía suavemente sobre la ciudad de Damasco. El agua acariciaba los edificios como una madre que le da un baño a su pequeña hija tras un largo día de juegos y aventuras. Era la primera lluvia de invierno. Después de un verano seco y polvoriento, los damascenos la recibían como un verdadero regalo de lo alto.

Maurus cumplía hoy, primero de noviembre, casi treinta días de haber comenzado su proceso de educación y transformación a los pies de Sofronio, el patriarca de Jerusalén. ¡Tantas cosas habían pasado desde entonces! Sentado junto a una ventana en la Capilla de Ananías, el joven dejó que la melodía de la lluvia acompañase sus pensamientos...

Se dio cuenta de que la ocupación musulmana ya no le causaba temor. No le afectaba de la misma manera que lo hizo el primer día, cuando vio a los soldados de Khalid ibn al-Walid entrar triunfalmente por la Calle Recta después de haber sitiado la ciudad durante un mes entero. Ahora veía la crisis en la que se encontraba de una manera diferente. Tampoco temía por

por la suerte de su prometida, la princesa Madiha. Algo en su interior le decía que ella estaba a salvo, y que pronto recibiría noticias suyas.

Mientras pensaba en estas cosas en ese atardecer lluvioso, de pronto sintió un leve peso que le oprimía el hombro y lo empujaba hacia abajo. Giró la cabeza lentamente hacia su derecha, como quien busca algo perdido, y se dio cuenta de que allí, en su propio hombro, se hallaba plantada la firme mano de su padre.

—¡Padre! —exclamó Maurus ahora poniéndose de pie y abriendo los brazos de par en par—. ¡Qué agradable sorpresa!

—Vine a visitarte —dijo Simeón con una voz de amigo de toda la vida—. Pensé pasar algunas horas contigo antes de que volvamos a ver al patriarca.

—¡Excelente, padre! Me honras con hacerlo.

—¿En qué estabas pensando, hijo mío? Te noté profundamente concentrado, y realmente no quería interrumpirte.

—He estado pensando en las cosas que he aprendido en este último mes de estudios y ejercicios espirituales —explicó Maurus.

—¿Por ejemplo?

—Por ejemplo, me he dado cuenta en esta semana de la relación que existe entre la humildad de corazón y el contentamiento. Uno nunca puede aprender a vivir con contentamiento, es decir, ser feliz en el lugar económico en el que está, si no tiene un corazón humilde. La humildad lleva a la felicidad y a la satisfacción del corazón.

—Esa es una gran verdad —asintió el padre.

—La humildad verdadera también es esencial para vencer nuestras tendencias naturales a tener un espíritu independiente.

—¡Claro!

—Y la ley de la siembra y la cosecha me salva o me condena, ¡aunque que yo no tenga la menor idea de que existe!

—¡Exacto! Y por eso estoy tan interesado en que conozcas estas cinco leyes de la destrucción: para evitarlas y luchar contra ellas. Y, por otro lado, quiero que conozcas las cinco leyes de la restauración: para que las adoptes y se las enseñes a los otros miembros de los Mercaderes de Cristo. Por generaciones hemos estado comprometidos a manejar nuestros negocios como lo enseña Dios, y no como los sabios de este siglo dicen que se deben manejar.

—Ese es el secreto de los Radhanitas.

—Ese es —contestó Simeón con una sagaz sonrisa en los labios.

Padre e hijo pasaron la tarde conversando y compartiendo ideas e historias el uno con el otro hasta casi la medianoche, cuando el obispo instructor llegó a la capilla.

Descendieron a la habitación donde se encontraban los pergaminos y, mientras Maurus bajaba la escalera, una vez más notó la placa de oro puro que tenía inscritas las palabras del libro de Deuteronomio: *Acontecerá que si oyeres atentamente la voz de Jehová tu Dios, para guardar y poner por obra todos sus mandamientos que yo te prescribo hoy, también Jehová tu Dios te exaltará sobre todas las naciones de la tierra* (28.1).

La siembra y la cosecha, pensó.

Sofronio colocó sobre la mesa la lámpara que tenía en sus manos y, mientras esperaba que Simeón abriera la vasija con el octavo pergamino, tomó las tablas de cera con la tarea de Maurus y se las pasó a su asistente.

—Veo que has estado pensando mucho —dijo después de ver la cantidad de material que Maurus había escrito como respuesta a las preguntas que él le había hecho cuatro días antes.

—Me da mucho gusto que lo estés haciendo. Hoy hablaremos de la importancia de no solamente pensar o sentir las cosas que tenemos dentro de nosotros, sino también de la importancia de decirlas. Esta noche hablaremos de dos temas de suma importancia: del arrepentimiento y de la confesión.

Y dicho eso, abrió el pergamino y comenzó a leer.

Después de mucho pensarlo, hemos decidido colocar en este pergamino el contenido conjunto de las siguientes dos leyes, por su íntima relación la una con la otra. La octava ley irrefutable de la restauración financiera es la ley del alma arrepentida. La novena es la ley de los labios que confiesan. Arrepentirse significa «volver hacia atrás», «cambiar de pensamiento». Confesar con los labios significa expresar ese cambio de pensamiento con palabras. (*De la abundancia del corazón habla la boca*, dice un antiguo proverbio.[1]) En la *parábola del padre amoroso* vemos que el hijo rebelde, sentado entre cerdos repugnantes, comienza a revisar su vida y experimenta un *cambio de pensamiento*. Él decide *volver hacia atrás* en el mal camino que ha tomado: comprendió lo tonto que había sido. Pero no sólo se arrepintió en su corazón; también lo expresó con sus labios: lo dijo en voz alta.

Tú no tendrás temor a arrepentirte. Cuando veas que has hecho algo incorrecto, te arrepentirás de ello y volverás hacia atrás. Declararás con tus labios lo que hiciste mal y explicarás con palabras qué vas a hacer para corregirlo. No entendemos la razón por la cual el expresar con palabras lo que uno tiene en el corazón es tan poderosa, ¡pero lo es! Por otro lado, el arrepentimiento es diferente al remordimiento. El uno tiene un tono positivo, el otro negativo. Judas Iscariote traicionó a nuestro Señor, le dio remordimiento y terminó ahorcándose. San Pedro también traicionó a Jesús, pero se arrepintió, pidiendo perdón por lo que había hecho, y fue restaurado en su liderazgo. El arrepentimiento, además, debe ser sincero. No te arrepentirás simplemente porque fuiste descubierto haciendo algo incorrecto. Te arrepentirás de todas maneras, te descubran o no. El arrepentimiento a veces significará que tendrás que hacer restitución (indemnizar a alguien por pérdidas que tus actos le hayan provocado). La restitución te liberará.

El arrepentirse no elimina las consecuencias naturales de tus malas decisiones, pero te llevará en la dirección correcta desde ese punto en adelante. El arrepentimiento y la confesión, volver hacia atrás, cambiar de pensamiento y verbalizarlo, ponerlo en palabras, son dos leyes esenciales para lograr la restauración después de la crisis. Un alma realmente arrepentida nunca más cometerá los errores del pasado. Si no te arrepientes con sinceridad, no cambiarás. Volverás a experimentar la misma crisis. Si te arrepientes y lo expresas con palabras de tus propios labios, comenzarás a construir un futuro diferente. Finalmente, es muy importante recordar que no hay nada que temer en el arrepentimiento. El arrepentimiento no trae castigo. El arrepentimiento sincero siempre trae restauración.

Tras haber leído ese último párrafo, el patriarca Sofronio volvió a enrollar el pergamino y le dijo a su joven estudiante:

—Si eres lo suficientemente humilde, reconocerás tus errores, te arrepentirás de ellos, aprenderás la lección que la vida te quiso enseñar y crecerás en tu carácter personal. Cada error será una lección. Cada lección te hará un hombre mejor. Con el correr de los años sabrás cómo tomar decisiones en momentos difíciles. Serás un gran líder de tu pueblo y bendición para las naciones.

—Dios lo quiera, padre.

—Dios lo quiere, hijo. Ahora quiero que pienses en estos siguientes días en las decisiones que has tomado en tu vida personal y en tu vida económica. Quiero que escribas de tu propio puño y letra:

»¿Hay algo de lo que te tengas que arrepentir?

»Si pudieras regresar al pasado, ¿harías algo de una manera diferente?

»Piensa en todas las cosas que has aprendido y has escrito hasta ahora en las tablas de cera que te he proporcionado. ¿Qué debes hacer de modo diferente en el futuro? ¿Qué cosas no harás nunca más en la vida?»

Después de haber puesto esas preguntas en la mente y el corazón de Maurus, el prelado se puso en pie, bendijo a todos y salió de la cripta con la ayuda de su asistente, rumbo a la casa en la que se estaba hospedando. Maurus y Simeón sellaron nuevamente la entrada al cuarto secreto debajo del altar, se dieron un fuerte abrazo y cada uno se retiró hacia su lugar de descanso.

Aquella fría noche de noviembre, Maurus volvió a su habitación, cerró la puerta detrás de él y se sentó en la cama mirando hacia la ventana, y al arrullo de las gotas de lluvia que seguían cayendo sobre la ciudad, por segunda vez consecutiva se quedó meditando en lo que la humildad y el arrepentimiento significaban para él, hasta que el sol de la aurora lo arropó en uno de esos dulces sueños de amanecer lluvioso en el otoño damasceno.

Los Pergaminos de Damasco en el siglo 21

Si has cometido errores en tu vida económica, este es el momento de llamarlos por su nombre y arrepentirte de tus decisiones erradas. También es el momento de arrepentirte de tus actitudes del pasado con respecto al dinero y a las posesiones.

Sin embargo, arrepentirte en el corazón no es suficiente, también tienes que expresar ese arrepentimiento en palabras que te salgan del alma. Por eso es tan importante que tomes un tiempo a solas y puedas contestar las siguientes preguntas. Luego, háblalas con tu pareja o con alguien de suma confianza.

∗ ∗ ∗

Pregúntate:

1.   ¿Me he comportado como un administrador o como un dueño de las cosas que tengo? ¿He descubierto que estoy emocionalmente enlazado con mis posesiones?

Si es así, arrepiéntete por haber dejado que tus emociones dicten tus decisiones y comprométete, de ahora en adelante, a tomar decisiones con la «cabeza fría» de un administrador. Compórtate frente a la crisis económica como un doctor lo haría en una emergencia: toma las decisiones sin emociones de por medio.

_____

_____

_____

_____

_____

2. ¿Estoy en problemas porque compré cosas (vehículos, casa, ropa, etc.) y no tenía el dinero para pagarlas? ¿Me llevó a este problema la falta de contentamiento? ¿Necesito aprender a ser feliz con cosas o sin ellas?

_____

_____

_____

_____

_____

3. ¿Estoy en dificultades por falta de orden en mi vida económica? Si te falta orden, arrepiéntete del desorden y cambia tus futuras decisiones. El orden te llevará a la prosperidad.

_____

_____

_____

_____

_____

4. ¿Estoy en problemas porque me he apurado; quise acumular riquezas rápidamente? Uno debe aprender a acumular pausadamente, poco a poco, a lo largo del tiempo.

_____

_____

_____

_____

5.   ¿Consulto con gente que respeto antes de tomar importantes decisiones económicas? ¿Estoy viviendo lejos de mis amigos y familiares?

_____

_____

_____

_____

_____

6.   ¿Qué malas semillas he sembrado en mi vida? ¿Cuáles son las buenas semillas que debo sembrar a partir de ahora para cosechar restauración y prosperidad en el futuro?

_____

_____

_____

_____

7.   ¿He sido humilde de corazón, o el orgullo ha tomado control en algunas áreas de mi vida? ¿De qué decisiones del pasado me arrepiento y no las volveré a tomar nunca más en el futuro?

_____

_____

_____

_____

Pergamino Noveno

La ley de los pies convertidos

El sol caía detrás de las montañas del Líbano, rumbo a Sidón, llevándose consigo el primer *Shabat* de noviembre. Los ocupantes musulmanes habían celebrado su día de reposo el viernes, los judíos terminarían su día santo en un par de horas más, y los cristianos, con el amanecer del día siguiente, celebrarían el recuerdo de la resurrección de Jesús de Nazaret.

Maurus podía sentir en su pecho cómo su corazón palpitaba cada vez más rápidamente con el paso de las horas. Estaba a la expectativa de cuál sería la última ley irrefutable que el patriarca de Jerusalén e instructor de los Pergaminos de Damasco compartiría con él esa noche.

Atrás quedaban las cinco leyes de la destrucción:

La ley del corazón infeliz

La ley del alma impaciente

La ley del espíritu independiente

La ley de la mente desorganizada

La ley de la siembra y la cosecha

También recordaba las cuatro leyes que lo llevarían por el camino de la restauración:

La ley de las manos productivas
La ley del corazón humilde
La ley del alma arrepentida
La ley de los labios que confiesan

Sabía que tenía que oponerse a las cuatro primeras leyes de la destrucción, que tenía que usar a su favor la ley de la siembra y la cosecha, y que debía abrazar las leyes de la restauración si quería ser tan exitoso como su padre, o más.

Entendía la responsabilidad que recaería algún día sobre sus hombros y la importancia de asimilar y obedecer esas enseñanzas.

Atrás, también, iban quedando las decenas de tablillas de cera que había escrito con sus respuestas, pensamientos y reacciones a las enseñanzas del patriarca. Los manuscritos plasmados en pergaminos, creados por el escriba del obispo de Jerusalén, le servirían en los años por venir para repasar ideas y conceptos antes de tomar decisiones importantes.

El orden en su vida, la búsqueda de consejo sabio, su compromiso a mejorar la forma de realizar negocios, su deseo insaciable de continuar educándose y creciendo, lo llevarían a convertirse en un mercader extremadamente exitoso. Eventualmente, Maurus cumpliría su sueño de mudarse a la ciudad alemana de Mainz y sus herederos serían de muchísima influencia tanto en la sociedad como en el mundo religioso.

Esa noche, Simeón llegó un poco más temprano para pasar un tiempo con su hijo y alentarlo con la noticia de que la caravana de su princesa había reiniciado el camino hacia Damasco sin mayores contratiempos. Todos estaban sanos y salvos. Esa buena nueva llenó de gozo el corazón de Maurus, quien levantó sus ojos al cielo para dar gracias a Dios por el cuidado de su amada prometida.

Además de las noticias sobre la princesa Madiha, Simeón tenía otra noticia importante que comunicar a su hijo:

—Maurus —dijo con cariño el padre y protector de los pergaminos—, esta noche te será revelada la última ley irrefutable de la restauración económica. Sin embargo, eso no significa que será nuestro último encuentro. Existe una ley más que debes conocer, una *ley universal*. Esta ley determinará tu futuro, y es importante que vengas preparado para escucharla. Quiero que redobles tus oraciones y que abras tu corazón a esa última enseñanza. También te pido que vengas vestido con tus mejores ropas. Varios miembros de mi guardia llevarán a tu habitación vestiduras especiales que fueron preparadas por tu madre especialmente para esta ocasión. Vístelas con orgullo cuando asistas a ese último encuentro.

—Por supuesto, padre —contestó inmediatamente el intrigado hijo.

—Cuando terminemos con la enseñanza, realizaremos una ceremonia de ordenación y, desde ese momento, la responsabilidad de instruir y proteger el contenido de los pergaminos reposará sobre tu vida.

Dicho eso, salieron del cuarto y se dirigieron hacia la zona del altar mayor, donde esperarían la llegada del Patriarca Sofronio.

Cuando el prelado llegó, alrededor de la medianoche, todos descendieron una vez más a la cripta y comenzaron los arreglos para la lectura del Pergamino Noveno. Mientras Simeón abría los sellos de cera, el instructor le dijo a su alumno:

—Maurus, de nada servirá todo lo que hemos hablado en estos días si tú no decides obedecer la ley que te enseñaré el día de hoy. Es la ley de los pies convertidos, y se refiere a la puesta en práctica de todas las ideas y principios que hemos explorado juntos. Mucha gente habla de sus intenciones; lo que tienen en la cabeza o lo que sienten en el corazón, y eso no está mal. Lo incorrecto es no hacer nada al respecto. Existen cambios *sin* cambios y cambios *con* cambios. Muchas personas cambian, sin cambiar: sólo hablan de que serán diferentes, sólo dicen que harán las cosas de una manera distinta... sin embargo, nunca ponen en práctica sus decisiones.

»Mejor que *decir* es *hacer*».

Y dicho eso, desplegó sobre la mesa de cedro el Pergamino Noveno y comenzó a leer:

> Este pergamino contiene la última ley irrefutable para la restauración económica: la ley de los pies convertidos. Esta ley, sobre todas las cosas, habla de nuestro *hacer* en la vida. Enfatiza la importancia de ser *hacedores* de la Palabra y no tan solamente oidores de la misma.
>
> Cuando leemos la historia que nos contara el Maestro, ella dice que el joven rebelde...

> Por fin comprendió lo tonto que había sido, y pensó: «En la finca de mi padre los trabajadores tienen toda la comida que desean, y yo aquí me estoy muriendo de hambre. Volveré a mi casa, y apenas llegue, le diré a mi padre que me he portado muy mal con Dios y con él. Le diré que no merezco ser su hijo, pero que me dé empleo y que me trate como a cualquiera de sus trabajadores». Entonces regresó a la casa de su padre.

> El joven tuvo la humildad suficiente para arrepentirse de las malas decisiones que había tomado, y convertir esos sentimientos de arrepentimiento en palabras que salieron de sus labios y en un plan para cambiar su situación. Sin

embargo, todo eso no sería suficiente si los deseos y las decisiones no se pusieran en práctica. El joven fue restaurado porque no sólo decidió volver a casa de su padre, ¡sino porque lo hizo! Te asegurarás de poner en práctica las decisiones que tomes. No sólo tendrás un plan; también lo aplicarás. No solamente dirás: «Tengo que hacer las cosas de una forma diferente»; también las *harás* de modo diferente.

Los pies convertidos son pies transformados. Son pies que te llevarán por un camino distinto al que estás caminando el día de hoy. *Convertirse* significa ir caminando en una dirección, darse cuenta de que uno está transitando por el camino equivocado, girar completamente el cuerpo apuntando hacia el lado opuesto y comenzar a caminar en la dirección contraria. No sólo te arrepentirás, también te convertirás: te transformarás, *harás* las cosas de manera diferente. Comenzarás a caminar en un camino distinto. Tomarás un rumbo diferente y no te importará lo que diga la gente a tu alrededor. No sólo dirás lo correcto, harás lo correcto también. Antes de la lectura del último pergamino, harás un plan para salir de la situación de crisis en la que te encuentres y, luego, lo pondrás en práctica. Es la única manera de ser completamente restaurado: poniendo en práctica el plan, con paciencia y perseverancia. Comienza tu camino hacia la restauración el mismo día de hoy.

Al terminar la lectura, el obispo le preguntó a su discípulo:

—Maurus, ¿tienes ideas que quieras poner en práctica en tu vida personal, familiar y en tus negocios? Quisiera que en el transcurso de los próximos cuatro días trabajes en definir cuál es tu plan, y que escribas tu compromiso para aplicar esas ideas en una tablilla de cera separada.

»Estás llegando al final de tu entrenamiento y ahora es el momento de pensar menos y hacer más. ¡Manos a la obra!»

Y con esa expresión de aliento, intercambió tablillas con el estudiante, le dio una palmada en la espalda, impartió a todos su bendición y salió rumbo a su lugar de descanso.

A pesar de no compartirlo con su discípulo, el patriarca se sentía agotado frente a la situación que se vivía en la ciudad y en toda la región. El imperio estaba debilitado y la pérdida de Damasco probablemente significaba que Jerusalén era vulnerable. Aquellos habían sido días en los que el trabajo era arduo y las noches cortas. Se sentía extenuado.

Maurus y su padre se encargaron de cerrar la entrada secreta a los pergaminos. Cuando ya se separaban, Simeón le dijo a su hijo:

—Maurus, toma nota de las cosas que te gustaría hacer de modo diferente en el futuro del negocio. Cuando vuelvas a casa, te prometo tomar tiempo para que podamos estudiar tus notas juntos. Me comprometo a ayudarte a poner en práctica tus ideas.

El hijo del mercader miró dulcemente a su padre a los ojos, puso las manos al costado de sus hombros y, apretando suavemente los brazos del hombre que le vio nacer, le dijo:

—Me comprometo a continuar el trabajo que tan bien has llevado adelante durante todos estos años. Te admiro, padre.

Y dicho eso, le dio un fuerte y cariñoso abrazo, entendiendo que en esa noche los roles habían cambiado en la familia. De ahora en adelante, el legado económico de los Radhani recaería sobre sus hombros; para bien o para mal.

Los Pergaminos de Damasco en el siglo 21

Plan para salir de las deudas

Cuando estamos pasando por una crisis económica, no sólo debemos tener un plan para salir de ella, sino que también debemos poner en práctica ese plan.

En esta actividad práctica quisiera darte una herramienta que puedas aplicar para salir de las deudas que tienes.

El crecimiento de las deudas crea estrés, y el estrés afecta a nuestra vida personal y familiar. No es sorprendente que, en la mayoría de los casos, cuando una pareja se divorcia apunta a los problemas financieros como uno de los factores que les llevaron al divorcio.

De nada sirve el haber decidido cambiar si no pones en práctica tu decisión.

Por eso quisiera mostrarte una forma práctica de salir de las deudas que te acosan.

A continuación te voy a dar los pasos específicos que debes seguir para salir de tus deudas; no importa si son pocas o muchas, grandes o pequeñas. A lo largo de mi carrera he tenido el privilegio de ayudar a salir de deudas a gente que debía unos cuantos cientos de dólares y a gente que debía unos cuantos millones de dólares.

Sin embargo, no tenemos espacio en este lugar del libro para una explicación detallada de cada uno de los pasos. Por eso, en el anexo 3 transcribí una parte de mi anterior libro *¿Cómo salgo de mis deudas?*

Lee el anexo 3. Desarrolla tu plan y ponlo en práctica. Si me obedeces no sólo con el corazón o la cabeza, sino también con los *pies*, te prometo que saldrás de las deudas que te acosan.

Aquí están, entonces, en forma resumida, los pasos para salir de las deudas:

1. **Cambiar interiormente** (el «ser» es más importante que el «hacer»). Si no hay un cambio interior y un compromiso serio a obedecer las leyes irrefutables que hemos explicado, los otros pasos serán en vano. Si no decides cambiar, en cuanto empieces a «respirar» volverás a caer en mayores deudas (igual que la persona que hace una dieta por los dos primeros meses y vuelve a ganar peso al tercero).

2. **Establecer un plan para manejar el poco o mucho dinero que uno tiene**. El saber cuánto entra y cómo sale, conocer tus ingresos y tus gastos, te permitirá descubrir áreas en las que puedes disminuir gastos y comenzar a ahorrar o, por otro lado, te permitirá saber en cuánto deberás incrementar tus ingresos.

3. **Establecer un sistema de control**. Si no tienes un sistema de control, especialmente para los gastos que haces en dinero en efectivo, tu plan presupuestario no valdrá de nada, porque no podrá tapar los «agujeros» por donde se te escurre el dinero.

4. **Incrementar entradas o disminuir gastos**. Piensa creativamente. No necesariamente se debe enviar a la esposa a trabajar fuera del hogar porque uno necesite más dinero para llegar a fin de mes, especialmente si se tienen niños pequeños en la casa. Existen varias otras alternativas.

5. **Hacer una lista de acreedores con datos de cada deuda**. Organízate. Necesitas saber cuánto le debes a quién, cuánto pagas de intereses, quién es tu contacto y cuál es el orden en el que debes pagar tus deudas.

6. **Establecer un plan de pago**. Un plan es importantísimo para demostrarles a nuestros acreedores que somos gente seria,

responsable, que sabemos a dónde vamos y que estamos comprometidos a pagar nuestras deudas.

7. **Comprometerse a cumplir el plan y a nunca más pedir prestado.** Esto requiere un fuerte compromiso por parte de uno mismo y de cada miembro de la familia. Puede que no tengas mucho, pero por lo menos podrás dormir tranquilamente cada noche durante el resto de tu vida.

Termino estas aplicaciones prácticas con una historia:

Hace algunos años, un amigo mío al que llamaremos Jorge caminaba por el jardín de su casa después de una tormenta. De pronto, vio en el suelo un capullo de mariposa todavía pegado a una pequeña ramita. Lo recogió y lo llevó con sumo cuidado a la cocina de su casa para proporcionarle protección y cuidado.

Colgó la ramita en el centro de la boca ancha de un jarro de vidrio y llamó a su esposa para mostrarle orgullosamente su experimento de rescate y ayuda de insectos. Su esposa, con paciencia, se mostró impresionada durante unos quince segundos y luego continuó con las tareas que estaba realizando.

Unos minutos después, mirando atentamente la bella creación que había hecho el famoso gusano de seda, Jorge se dio cuenta de que el capullo se movía. Un rato más tarde, ese movimiento casi imperceptible se convirtió en una serie de sacudidas frenéticas hacia un lado y hacia el otro.

Jorge entendió inmediatamente la tremenda lucha por la vida que se estaba librando dentro del capullo. Era obvio que el insecto estaba tratando con todas sus fuerzas de salir de la condición en la que estaba y que se veía seriamente apretado dentro de su envoltura. Entonces, mi buen amigo decidió intervenir y ayudar a aliviar la presión. Sacó una pequeña navaja muy filosa y con muchísimo cuidado hizo un pequeño corte en el tope del capullo.

Inmediatamente... ¡un ala surgió del capullo! Segundos después, otra ala y, finalmente, la recién nacida mariposa se paseaba libremente, dando sus primeros pasos por el tope del jarro donde había estado colgada su transitoria casa.

Ahora, Jorge se sentía contento de haber podido ayudar a un insecto que nos trae tanta belleza y alegría. Pero mientras lo contemplaba, se hacía una pregunta: «¿Por qué será que no quiere volar?»

Esperó por una hora a que las alas de la mariposa se secaran, movió el jarro, lo colocó afuera, pero la mariposa no remontaba vuelo.

Preocupado por el asunto, fue a ver a su vecino, un maestro universitario. Le contó lo que había pasado, cómo había encontrado el capullo, cómo lo había cuidado y cómo había rescatado del capullo al insecto con su navaja.

—¡Ahí está el problema! —exclamó el vecino.

—¿Cómo? —preguntó Jorge totalmente desconcertado.

—Sí, ahí está el problema —repitió su experto vecino—. La tremenda lucha que observaste para salir del capullo es una parte importantísima del proceso de fortalecimiento de los músculos del insecto. Si no dejas que esa lucha siga su curso natural, la mariposa nunca podrá volar. Es una parte vital de su desarrollo.[2]

Esta historia tiene una gran aplicación para tu vida y la mía. Yo sé que estás pasando, quizá, por un momento muy difícil. Quizá sientas que te encuentras en grandes aprietos y que, por más que luchas, parece que nunca podrás salir de la situación en la que te encuentras. Te sientes «atrapado y sin salida», como el título de una famosa película.

¡Ojalá viniera alguien y como «por arte de magia» pudiera sacarte de la situación de esclavitud financiera en la que te encuentras!

Sin embargo, eso no es lo mejor para tu vida. Yo creo firmemente que las pruebas y dificultades desarrollan en nosotros un carácter sólido y maduro, y que nos ayudan a ser más fuertes y perseverantes.[3] Es importante no tratar de escapar mágicamente de las dificultades. Es vital pasar a través del proceso de sanidad.

Mi ruego es que, con la ayuda de Dios y los consejos sólidos de este humilde libro, puedas salir por tus propios medios de los aprietos en los que te encuentras haciendo uso de tus propias fuerzas; para que, una vez fuera, seas lo suficientemente fuerte para nunca más caer en la esclavitud de las deudas y así poder volar libremente durante el resto de tu vida, y, tal vez, ayudar a otros a que también sean libres.

Pergamino Décimo

La ley universal de la elección

Maurus se levantó temprano ese miércoles, 9 de noviembre del año 634. Hizo sus oraciones matutinas y salió a caminar. La mañana estaba fresca, el cielo nublado, y el tenue resplandor de un sol que todavía no había salido luchaba por iluminar levemente el lejano horizonte, todavía oscuro. Los afanados mercaderes, anticipando un día ocupado, empezaban a armar sus puestos de venta en la Calle Recta.

La capital parecía haber vuelto a una inesperada normalidad. Las puertas de la ciudad estaban abiertas, y las tareas para reconstruir Damasco después de la confrontación con las tropas de Khalid ibn al-Walid habían comenzado.

Maurus se preguntaba qué significaría todo eso y qué decisiones debería tomar, teniendo en cuenta que el futuro del negocio familiar estaba ahora casi en sus manos. Se imaginaba que tal vez el emperador Heraclius no abandonaría Damasco y que pronto tendrían noticias de tropas imperiales tratando de recuperar la ciudad.

Debía asegurarse de que la caravana de la princesa Madiha saliera de la ciudad y retornara a Alejandría antes de que eso ocurriera. Calculaba que, para esa fecha, su prometida ya tendría que estar en Damasco. Pero, ¿por qué no mandó a uno de sus siervos a comunicarle la noticia de su llegada? Le cruzó por la cabeza la idea de que algo terrible le podría haber pasado durante su viaje a Damasco, y que, tal vez, Simeón su padre estaba esperando a que él terminara con esos cuarenta días de ayuno y estudios para decirle la verdad. Eso era algo que aquella noche estaba determinado a averiguar.

Volvió a su cuarto, se cambió de vestimenta y se puso de rodillas junto a su cama. Allí elevó una oración al cielo rogando por la seguridad de su bien amada y por sabiduría para tomar las decisiones que necesitaba para bien de su familia y del futuro de los Mercaderes de Cristo.

Dedicó el resto del día a meditar en cada una de las leyes que el patriarca Sofronio le había enseñado. Escribió, por un lado, el plan de acción para los cambios que se proponía hacer en su vida y, por otro, los que planeaba para su negocio.

Cuando llegó la noche, se puso las vestiduras que los siervos de su padre le habían llevado durante su última visita: aquella delicada indumentaria que su madre había preparado especialmente para esa ocasión, y fue a esperar a su padre a la capilla. Para su sorpresa, el patriarca y su asistente ya se hallaban esperándolo, pero, extrañamente, su padre aún no había llegado. Eso era muy inusual. Maurus sabía que Simeón era siempre el primero en llegar a la capilla para proporcionar protección al grupo.

El prelado saludó a su alumno e inmediatamente le pidió que abriera la bóveda subterránea y comenzaran la clase del día sin demoras. Movieron el altar mayor, abrieron la puerta hacia el cuarto secreto, y Maurus bajó primero para, luego, ayudar al patriarca a bajar con cuidado.

El joven se preguntaba quién abriría el sello de la última vasija si el protector no se encontraba presente. Pensando en eso estaba cuando el prelado lo tomó de los hombros, lo atrajo hacia sí mismo y comenzó a rogar a Dios por su vida, en lo que a Maurus le pareció una larga e interminable oración.

Por respeto a su padre espiritual, el joven cerró sus ojos, inclinó su cabeza y se puso de rodillas. El hombre que algún día sería recordado como San Sofronio rogó a Dios por la vida del joven, por su futuro, por sus sueños, los deseos de su corazón, sus pecados cometidos y aún no cometidos. Cuando finalmente terminó sus ruegos, el patriarca le dijo:

—Ahora, hijo mío, puedes abrir tus ojos y ponerte en pie.

Maurus abrió los ojos lentamente, se puso de pie y, de pronto, tuvo la fuerte sensación de que él y el patriarca no estaban solos en la habitación. Inquieto, giró la cabeza hacia su derecha y allí, a un par de pasos de distancia, se encontró frente a frente con los ojos color miel más hermosos que él había visto en su vida. Esos ojos que jamás pudo olvidar desde la primera vez, y que lo acompañaban constantemente en sus recuerdos y en su corazón: los de la princesa Madiha.

El impacto de la sorpresa fue tal que el novio abrió tanto la boca que, pensó Sofronio con una sonrisa, podría haberse tragado allí mismo un camello entero, ¡con carga y todo!

Maurus intentó recuperar la compostura, tratando de no dejar que su intensidad se sobrepusiera a la delicadeza con que la princesa debía ser tratada. Se acercó unos pasos hasta quedar justamente frente a ella y, con toda la ternura del mundo, la abrazó con afecto y devoción, expresando la profunda felicidad que sentía por tenerla a su lado y verla junto a él sana y salva.

Madiha, por su parte, se dio cuenta de que algo había cambiado en su prometido. Aún conservaba ese aire juvenil y lozano, con esa sonrisa traviesa que la había cautivado cuando se conocieron en su natal Alejandría; pero ahora, ella percibía que él ya no era simplemente un joven lleno de sueños y tal vez un tanto inmaduro. Maurus se había transformado en un verdadero hombre.

—Ahora te das cuenta, hijo mío, de la razón por la cual tuve que alargar tanto la oración —le dijo Sofronio con una sonrisa de oreja a oreja.

Todos contestaron con risas y comentarios, que iban desde el relato del viaje a través del desierto hasta el politiqueo que se vivía alrededor de la ciudad desde su caída.

Después de varios minutos, el obispo dijo amablemente:

—La razón por la que le pedí a la princesa que estuviera esta noche con nosotros es porque sabemos que la elegiste como tu compañera para el resto de tu vida. Ella se alegrará contigo en tus momentos de victoria y te apoyará en los momentos de derrota. Ella entenderá tus responsabilidades frente al clan Radhani y te ayudará en tu tarea de proteger y enseñar el contenido de estos pergaminos. Ella será tu ayuda idónea.

Ahora es momento de que sepas que Madiha llegó a Damasco hace varios días y ha estado estudiando tus notas y las de mi escribano, preparándose para esta noche.

Maurus miró perplejo al amor de su vida, y vio en sus ojos una chispa de picardía que le comunicó instantáneamente que ella sabía exactamente de lo que estaban hablando. Sonrió plenamente, hacia afuera y hacia adentro. Se dio cuenta de que ya nunca más estaría solo.

—Quise que estuvieran los dos juntos en la noche de hoy —continuó el religioso— porque este último pergamino será determinante para sus vidas. Quisiera que lo estudien juntos. También, a partir de esta noche, ya no te quedarás en la habitación de la iglesia, en la cual permaneciste estas últimas jornadas. Retornarás a tu casa hasta que, el primer día de la semana, termines con tus cuarenta días de ayuno. Ese día, por la tarde, llegaré a tu casa y llevaremos a cabo una ceremonia especial, ¿verdad Simeón?

—Cierto —respondió el padre del estudiante—. Ese será el día en que yo te transferiré todos mis bienes, mis propiedades y mis negocios. A partir de ese momento serás responsable de todas las operaciones de nuestra red de mercaderes. Por eso le pedí al patriarca que viniera a nuestro hogar y condujera una ceremonia para bendecir tus planes y tu futuro, pidiendo la sabiduría y bendición de Dios sobre tu vida.

—Por ahora, sin embargo, debemos concentrarnos en la enseñanza del día de hoy y en otro solemne acto: la ceremonia de ordenación que haremos al final de esta jornada. A partir de este día, Maurus, tú serás el nuevo instructor y protector de los Pergaminos de Damasco.

Dicho eso, tomó el último pergamino de las manos de Simeón y comenzó a leer en voz alta:

Habiendo terminado de estudiar las diez leyes irrefutables —cinco que llevan a la destrucción y cinco que llevan a la restauración económica—, hemos dejado para el final un principio muy importante que está al inicio de la historia que hemos estado estudiando. Hemos hecho eso a propósito. Creemos que, a pesar de encontrarse al comienzo de la historia, esta última ley proveniente de la *parábola del padre amoroso* en realidad debería estar expuesta al final: es la ley universal de la elección.

La parábola comienza diciendo que había un padre que tenía dos hijos. El Maestro podría haber dicho tres, siete, doce o simplemente «muchos» hijos. Pero eligió específicamente el número dos. Creemos que la razón por la que eligió el número dos fue para enfatizar la elección que todos tenemos en la vida: el bien o el mal; lo correcto o lo incorrecto; la humildad o el orgullo; la verdad o la mentira; la vida o la muerte. Decir que el padre amoroso tenía dos hijos dio la oportunidad al Maestro de maestros de enfatizar, por comparación y contraste, las elecciones que habían hecho en la vida cada uno de los dos herederos. Esta ley universal existe desde el pasado eterno, aun desde antes de la creación del mundo. Se aplicó a la vida de los ángeles, cuando voluntariamente Lucifer y sus adeptos decidieron rebelarse contra Dios. Se aplicó también a la vida de los seres humanos cuando Adán y Eva decidieron desobedecer a Dios y morir espiritualmente. Se aplicó a la vida de todos nuestros antepasados. Todos tenemos la capacidad de elegir en la vida. Nadie está destinado a ser pobre ni rico, bueno o malo, tener abundancia o vivir en la miseria. Recuerda las palabras de Moisés en los libros de la ley cuando le dijo al pueblo:

> Mira, yo he puesto delante de ti hoy la vida y el bien, la muerte y el mal; [...] A los cielos y a la tierra llamo por testigos hoy contra vosotros, que os he puesto delante la vida y la muerte, la bendición y la maldición; escoge, pues, la vida, para que vivas tú y tu descendencia (Deuteronomio 30.15, 19).

Lo mismo hizo Josué con el pueblo de Israel: les dio la elección de servir al Dios verdadero o al de los amorreos. Sin embargo, les compartió claramente la elección que él y su familia habían hecho: ellos servirían a Dios. Cada uno de nosotros tiene la posibilidad de elegir el obedecer o el desobedecer. Tú puedes decidir hoy que vas a oponerte a las leyes de la destrucción y obedecer las leyes de la restauración. O puedes decidir que has perdido tu tiempo y no te interesa practicar en tu vida nada de lo que has aprendido en estos pergaminos. Es tu elección. Nadie la puede hacer por ti. Ni tus padres, ni tu esposa. Ni siquiera tu instructor puede decidir en tu lugar. Es tu elección personal. ¿Qué harás con este conocimiento?

Uno puede llevar a un caballo hasta el agua, pero no lo puede forzar a que la beba. Te hemos traído al agua. ¿Beberás de ella? Estamos poniendo delante de ti la vida y la muerte; la abundancia y la miseria; la restauración y la destrucción. Elige la restauración, la abundancia y la vida para que seas feliz. El camino no será fácil. Pero vale la pena.

Y habiendo leído eso, el patriarca Sofronio se puso en pie, miró a la joven pareja y les preguntó:

—¿Cuál será *su* elección? Las decisiones que tomen hoy marcarán una gran diferencia el día de mañana. Ustedes son los dueños de su propio futuro. Esa es la ley universal de la elección: no están atrapados por el destino. Son libres para elegir el futuro que quieran tener.

—Elegimos la vida, maestro —dijo con convicción Maurus—. Entendemos que no tenemos que darnos por vencidos simplemente porque nuestra ciudad o imperio hayan sido vencidos. Entendemos que nosotros somos los forjadores de nuestro futuro, no el invasor.

»Entendemos que, a pesar de la crisis, todavía tenemos la posibilidad de elegir: por lo menos, elegir cómo vamos a reaccionar frente a esta crisis. Elegimos no desalentarnos y volver siempre a reconstruir. Elegimos no rendirnos jamás ante los problemas y siempre luchar por un mejor futuro. Elegimos la restauración en vez de la miseria».

—Muy bien dicho —dijo el obispo—. Ahora, Maurus, quiero que te acerques a mí y te pongas de rodillas.

Cuando Maurus se postró de rodillas, el patriarca colocó sus manos sobre el joven y, levantando los ojos al cielo, exclamó:

—Oh, Padre, Dios y Creador del universo, ahora entrego a Maurus en tus manos para que le ayudes a cumplir con la difícil tarea que estamos colocando en sus manos. Abre las ventanas de los cielos y derrama tus bondades sobre él hasta que sobreabunden. Envía a tus ángeles para que lo protejan y le ayuden a trabajar con excelencia. Permítele alcanzar el éxito todos los días de su vida, y ser un ejemplo para sus generaciones.

Luego, citando la bendición sacerdotal del libro de la Ley, dijo: «El Señor te bendiga y te guarde; el Señor haga resplandecer su rostro sobre ti; y tenga de ti misericordia; el Señor vuelva hacia ti su rostro y ponga en ti su paz» (Números 6.24-26, BLA).

Y, habiendo dicho eso, le ayudó a ponerse de pie, le dio un beso en cada mejilla y le entregó un cayado de pastor hábilmente tallado en un bastón de madera de cedro del Líbano.

—Este cayado —dijo el obispo— es un símbolo para que pastorees a las ovejas de los Mercaderes de Cristo. Para que guíes su camino y les enseñes cómo elegir la vida, la verdad y el bien.

Inmediatamente después, se dio la vuelta hacia donde estaba Simeón y recibió del protector de los Pergaminos una espada de doble filo, con un exquisito mango de oro puro con incrustaciones de piedras preciosas.

—Esta espada es el símbolo de tu compromiso de proteger estos pergaminos, si es necesario, con tu propia vida —dijo el patriarca mientras extendía sus dos manos hacia adelante y colocaba con cuidado la espada en las manos del nuevo protector.

Maurus recibió solemnemente la espada. Pasó el arma y el cayado a su prometida y, poniéndose de rodillas, besó con reverencia la mano de su instructor.

Sofronio lo puso de pie, lo miró a los ojos y le dijo:

—Has elegido bien. Ve en paz. Restaura la vida económica de tu familia y construye un futuro mejor para ti y las generaciones venideras. Vive una vida fructífera, poniendo en práctica las leyes aprendidas en los Pergaminos secretos de Damasco.

* * *

Desde entonces, nunca se ha oído nada más sobre los Pergaminos de Damasco. Documentos históricos relatan que los musulmanes construyeron la mezquita del Sheik Nabhan sobre la antigua Capilla de Ananías[1] y los cristianos encontraron un nuevo lugar, no muy lejos de allí, para conmemorar la estadía de San Pablo en la ciudad.

Maurus, cuatro días después, terminó con su ayuno y recibió las riendas del negocio de su padre en una solemne ceremonia. Se convirtió en un influyente mercader, y sus descendientes no solamente impactaron el mundo de los negocios, sino que también entre su línea de herederos se encuentran eruditos y religiosos que marcaron una gran diferencia en la vida de la iglesia.

La princesa Madiha, por su parte, después de unirse en matrimonio a su prometido en una de las celebraciones más memorables de la ciudad, se convirtió en una leyenda entre las mujeres de la región. Su belleza, su sabiduría y su gran corazón para con los necesitados le ganó un lugar especial en la vida de personas de todos los estratos sociales, y es recordada aún como una de las mujeres más apreciadas del Oriente Medio.

Los pergaminos desaparecieron misteriosamente en algún rincón oscuro de la historia medieval, y no han podido ser localizados a pesar de las numerosas expediciones arqueológicas que se realizaron con el fin de sacarlos a la luz.

Sus enseñanzas, sin embargo, de alguna manera han sobrevivido durante casi mil cuatrocientos años: las leyes irrefutables de la destrucción y restauración económica.

Yo aprendí estas leyes de los labios de mi buen amigo *Mauricio Radán*, un líder de la Fraternidad de Compañías de Cristo Internacional, un día, hace no mucho tiempo, mientras hablábamos de la llegada de la crisis económica internacional... *parados en la azotea del edificio del lucrativo negocio de su padre.*

Los Pergaminos de Damasco en el siglo 21

Como dijéramos anteriormente en este libro, uno no puede esperar resultados diferentes si continúa comportándose igual. Entonces, si quieres vencer la crisis, si quieres tener un futuro económico diferente, vas a tener que hacer las cosas de una manera distinta.

Yo sé que tú quizá nunca tuviste un plan para controlar gastos. Pero si quieres que las cosas te vayan mejor, necesitarás tener uno.

Sé que te sientes, quizá, con un profundo pesar por la cantidad de deudas que has acumulado. Tú puedes salir de ellas, si quieres.

Tú tienes la decisión.

* * *

Permíteme contarte la historia de Viktor Frankl (que también conté en mi libro *¿Cómo llego a fin de mes?* y que leí originalmente en un libro de Steven Covey):

Frankl era un psiquiatra determinista. Él creía que las cosas que a uno le ocurrieron cuando era niño determinaban cómo uno iba a ser en la edad adulta. Una vez que los parámetros de la personalidad estaban establecidos, no había mucho que uno pudiera hacer más adelante para cambiarlos.

Frankl cayó prisionero de los nazis y fue llevado con su familia a un campo de concentración. Casi todos sus parientes perecieron en el campo, y Viktor fue víctima de numerosas torturas y horribles presiones sin saber si viviría para ver una nueva mañana. Un día, solo y desnudo en un rincón del pequeñísimo cuarto donde lo tenían encerrado, descubrió lo que él mismo llamó más adelante «la última de las libertades del hombre» (una libertad que nadie jamás le podría quitar).

Viktor Frankl se dio cuenta de que los nazis tenían el poder para controlar todo su entorno, todo el ambiente en el que él se movía, pero no tenían el poder para controlar cómo él mismo reaccionaría frente a la situación en que se encontraba. Él todavía tenía la libertad de decidir de qué manera esa situación le afectaría interiormente.

Es cierto lo que dijéramos con anterioridad: que para cada acción existe una reacción; para cada estímulo, una respuesta. Pero Viktor Frankl, en medio de los horrores del campo de concentración nazi, descubrió un principio fundamental de la naturaleza humana: que

entre el estímulo y la respuesta, el ser humano tiene
libertad de elección, tiene el poder p*ara decidir.*[2]

Tú tienes hoy el poder para decidir cómo vas a reaccionar a la situación
en que te encuentras.

¿Continuarás viviendo como hasta ahora, o comenzarás a construir un
futuro mejor?

¿Seguirás sufriendo bajo el yugo de las finanzas, o vas a tomar control
de ellas?

Tú no puedes evitar las crisis. Lo que puedes hacer es decidir cómo vas
a reaccionar frente a ellas.

¿Te vas a dejar destruir por las circunstancias, o te vas a poner en pie y
comenzarás a caminar rumbo a un futuro distinto?

Piensa: ¿cuáles son las decisiones que debes tomar antes de cerrar este
libro y dejarlo nuevamente sobre la mesa?

Ahora ya tienes suficiente información teórica, y también actividades y
orientación práctica.

Te he llevado hasta el manantial.

¿Vas a beber del agua de la restauración económica?

La decisión es tuya.

Anexos con aplicaciones prácticas

Plan de control de gastos

Gastos

Una vez que sabemos cuáles son nuestros ingresos disponibles, nuestro DD, debemos averiguar cuáles son nuestros gastos. ¡Este es el momento de la verdad!

Mi recomendación es que llames a tu médico y le pidas una receta para la depresión.

Sin embargo, la buena noticia es que, a partir del día de hoy, sabrás exactamente a dónde se va el dinero y finalmente tomarás control de él.

¡Atención, nota importante!:

A continuación me verás mencionar ciertos consejos
y porcentajes que sólo se aplican en Estados Unidos o
Puerto Rico, y quizá, Canadá. Esto lo hago en deferencia
a los más de cuarenta millones de latinos que viven en ese
país y porque este libro lo escribí originalmente para
ayudarles a ellos en medio de la crisis.

Si vives fuera de Estados Unidos, por favor no les prestes
atención a los porcentajes. Lo más importante para ti
es que, cuando termines tus cálculos, estés gastando
MENOS que el dinero disponible que tienes cada mes.

Como lo mencionáramos anteriormente, vamos a dividir los gastos que
tenemos en unas diez categorías (tú puedes agregar más o cambiarlas, si te
resulta más cómodo usar otras):

Gastos de:

1. Automóvil o transporte
2. Vivienda
3. Comida
4. Deudas
5. Entretenimiento
6. Vestimenta
7. Ahorros
8. Gastos médicos
9. Seguros
10. Otros gastos, Gastos varios o Misceláneos

Aquí va la explicación de lo que cada una de estas categorías significa:

Automóvil o transporte

Tenemos que ver cuánto estamos gastando en trasporte, ya sea propio o público (autobús, tren subterráneo). En Estados Unidos, los gastos de automóvil son bastante importantes. Incluso en Latinoamérica, el precio de la gasolina a veces es tan alto que los gastos de transporte pueden llegar a ocupar una parte significativa dentro del plan familiar.

Entonces, coloca en la categoría de automóviles cuánto estás gastando en *promedio* en gasolina, aceite, reparaciones (quizá no gastas dinero en aceite o en reparaciones todos los meses, pero puedes usar un promedio), impuestos y seguros. Lo mejor es reducir todos estos gastos a nivel mensual.

Por ejemplo, aunque uno no repare el auto todos los meses, debe tener una idea de cuánto está gastando, de promedio, en reparaciones. Para encontrar ese promedio, simplemente calcula cuánto gastaste en arreglar el auto en los últimos doce meses y divide esa cantidad por doce. Lo mismo ocurre con el mantenimiento.

Si no tienes auto, ¿cuánto estás gastando en transporte público? O, quizá estás viajando con alguna otra persona, en el automóvil de alguna amistad, y le das una cierta cantidad de dinero cada mes para ayudarle con los gastos de mantenimiento del auto. Eso se acostumbra mucho en algunos países de nuestro continente: el que una persona maneje y cuatro o cinco personas viajen con él, para luego, a fin de mes, cooperar para los gastos de gasolina.

En nuestra organización recomendamos que en Estados Unidos no se gaste más del quince por ciento de su DD (*dinero disponible* es el salario menos impuestos y donaciones) en los gastos de transporte público o personal.

Gastos de transporte/ automóviles		Coloca aquí el promedio mensual de todos los gastos de transporte que tengas. No tiene que ser «perfecto», escribe una aproximación de los gastos.	Consejo amigo... ¿Cuál es tu dinero disponible?
Pagos mensuales del auto	$ _____		DD= _____
Impuestos	$ _____		Multiplica esa cantidad por 0.15
Gasolina	$ _____		
Aceite	$ _____		_____ (DD)
Seguro del auto	$ _____	Tus cálculos mejorarán con el paso del tiempo.	x 0.15
Reparaciones (promedio)	$ _____		Coloca abajo el resultado...
Mantenimiento (promedio)	$ _____	Incluye los boletos de tren y autobús. Si tienen más de un auto, sumen los gastos de los dos y colóquenlos juntos.	(Esta es la cantidad de dinero que deberías estar gastando en transporte como máximo.)
Transporte público	$ _____		
Otros gastos			
	$ _____		$ _____
Suma todas las cantidades: (Este es el total de gastos de transporte que tienes).	$ _____		

PARA PENSAR:

En Estados Unidos, una familia latinoamericana que gana el salario medio de los latinos en este país de $36,000 al año y tiene dos niños, probablemente tiene un DD de unos $2,300 por mes.[1] Si eso es lo que esta pareja lleva a su hogar cada mes, entonces sus gastos de transporte no deberían ser mayores de $345 por mes.

Esos $345 por mes incluyen el pago del auto, la gasolina, los impuestos, el seguro y el mantenimiento... ¡de todos los autos juntos!

¿Te das cuenta por qué no llegas a fin de mes?

Cuando empiezas a gastar más de lo sugerido en algún área en particular, le estás «robando» a otra. Lo que he notado después de tantos viajes y conferencias desde comienzos de los años noventa, es que lo más común es que sufran áreas como el ahorro, el mantenimiento, la ropa o la salud.

Esas cosas no las necesitas cada mes, pero cuando viene una emergencia (se avería el auto, se enferma un niño), las cosas «inesperadas» te hunden irremediablemente en el pozo de las deudas.

A mí me parece que, debido a la forma en la que crecimos en Latinoamérica, los latinos consideramos un automóvil más como un artículo de lujo, de estatus social, y no tanto como una herramienta de transporte o de trabajo. Por eso caemos en la tentación de comprar autos demasiado caros para nuestras entradas de dinero.

Vivienda

La segunda categoría de nuestro plan tiene que ver con la vivienda. Si estás alquilando, probablemente estés gastando menos en vivienda que si tienes casa propia. Sin embargo, eso no es siempre verdad. Especialmente cuando uno tiene beneficios impositivos del gobierno o se ha involucrado en algún plan gubernamental que provee casas a bajo costo a ciertos estratos de la población.

A veces, sin embargo, el mantenimiento de una casa puede ser bastante costoso. En los lugares donde las casas están construidas básicamente de cemento y ladrillo, se requiere de un menor mantenimiento. En aquellos países, como Estados Unidos y Canadá, donde las casas se construyen utilizando mucha madera y yeso, los gastos pueden ser más altos.

En cualquiera de los casos, esta es una categoría muy importante. En general, la vivienda, junto a la comida y el transporte, son las áreas más delicadas del plan. La mayoría de las personas con problemas financieros a las que aconsejo tienen dos problemas básicos: han comprado «demasiada casa» o han comprado «demasiado auto».

Stanley y Danko, escritores del famoso libro *El millonario de al lado*, dicen que si tú no eres un millonario, pero quieres serlo algún día, puedes imitar su actitud con respecto a la compra de sus casas: «Nunca compres una casa que requiera tomar una hipoteca que sea más del doble de tu salario anual».[2] Entonces, si entre tu esposa y tú ganan $50,000 al año, tu hipoteca no debería ser de más de $100,000.00. Así se comportan los millonarios.

Cuando consideramos los gastos de la vivienda, lo primero que tenemos que escribir es cuánto estamos pagando de alquiler o de hipoteca.

¿Hay impuestos o seguros? A veces el seguro, el impuesto y el pago de la casa se hacen juntos, en un sólo pago. Te recomiendo que no dividas las cantidades, sino que coloques una sola cantidad en el casillero destinado a la hipoteca o al alquiler.

¿Cuánto estás gastando cada mes en servicios como la luz, el gas, el teléfono, el agua, el cable, etc.? Si estás planeando hacer un proyecto especial de construcción, ¿cuánto estarías pagando de promedio cada mes durante los próximos doce meses?

Algunas ciudades cobran mensualmente a todos los dueños por el barrido de las calles, la limpieza y la recogida de la basura. Coloca todos los gastos que están asociados con el mantenimiento de tu casa en esta categoría.

Mi recomendación, aprendida de años de trabajo con el Dr. Larry Burkett, es que no se gaste en la casa más del 38 al 40% de tu DD. Si vives en una gran ciudad de Estados Unidos, seguramente estarás pensando: «¡Pero el 38% de mi dinero disponible! Con lo caro que es vivir en Nueva York, Chicago o Los Ángeles».

Es verdad. Sin embargo, el problema no es que las casas estén caras en Nueva York, Chicago o Los Ángeles... ¡el problema es que tú no ganas lo suficiente para vivir en esas ciudades! Deberías considerar mudarte a un lugar donde la vivienda sea más barata. No tienes que hacerlo inmediatamente, pero deberías planear hacerlo.

El otro día hablaba con un amigo y él me decía: «Andrés, el 38% de las entradas de dinero no me alcanza ni para empezar con los gastos de mi casa». Entonces, empezamos a hacer las cuentas.

Le dije: «Tú te vistes, ¿no? Entonces, de vez en cuando compras ropa. Vamos a ver cuánto gastas como promedio en ropa al mes». Anoté la cantidad promedio. «¿Cuánto gastas en alimento?» Escribí la cantidad que gastaba en alimento. Le dije: «¿Caminas a tu trabajo?» «No. Tengo un automóvil y a veces manejo una hora u hora y media para llegar». «¿Cuánto estás gastando en tu automóvil?»

Así, seguimos haciendo cuentas de la cantidad que estaba gastando en cada una de las categorías del plan familiar. Cuando terminamos, ¡nos dimos cuenta de que estaba gastando el 135% de su dinero disponible!

También puedes buscar alternativas creativas a tus gastos de vivienda. Por ejemplo, puedes alquilar parte de tu casa o puedes comprar la casa en sociedad con otra familia y pagar la mitad cada uno.

Si ya la compraste, puedes alquilarla mientras pagas la hipoteca (permitiendo así que se pague sola) y tú puedes alquilar en algún lugar mucho más barato por algún tiempo. También, puedes construir tu casa poco a poco, en la medida en que las leyes de tu estado y tu dinero te lo permitan.

Trabajemos, entonces, en tus gastos de vivienda:

Gastos de vivienda		Coloca aquí todos los gastos de tu vivienda. Si los impuestos y el seguro vienen incluidos en el pago de la hipoteca, escribe el pago mensual total que haces y deja en blanco los otros renglones.	Consejo amigo… ¿Cuál es tu dinero disponible? DD= _____ Multiplica esa cantidad por 0.38 _____(DD) x 0.38 Coloca abajo el resultado… (Esta es la cantidad de dinero que deberías estar gastando en vivienda como máximo.)
Alquiler	$ _____		
Hipoteca	$ _____		
Impuestos	$ _____		
Seguros	$ _____		
Luz	$ _____		
Gas	$ _____		
Teléfono	$ _____		
Agua	$ _____		
Mantenimiento	$ _____		
Cable	$ _____		
Internet	$ _____		
Proyectos	$ _____		
Otros gastos	$ _____		
Suma todas las cantidades: (Este es el total de gastos de vivienda que tienes).	$ _____		$ _____

Para pensar:

Si volvemos a tomar el ejemplo de la pareja anterior, que lleva $2,300 «limpios» a su casa, todos los gastos de vivienda tienen que estar alrededor de los $900 por mes. Y eso tiene que incluir TODO: la renta, el cable, el mantenimiento, el seguro, luz, gas, teléfono… ¡todo!

Si tienes problemas económicos, ¿te das cuenta, ahora, de dónde vienen? No estás ganando lo suficiente para tener el estilo de vida que quieres tener, y eso te está hundiendo.

Necesitas tomar algunas decisiones muy importantes.

Comida

¿Cuánto estás gastando en alimentos? Escribe en el lugar que te proporcionaré al final de este párrafo cuánto, aproximadamente, estás gastando en comida mensualmente.

Más o menos, entre el doce y el quince por ciento de tus entradas de dinero deben ir a parar a la comida. A veces un poco más, a veces un poco menos. En general, a los latinos nos gusta comer, y nos gusta comer bien. Por eso, cuando nos mudamos a Estados Unidos gastamos más de lo que gastarían los estadounidenses en general.

Dicen algunas estadísticas que en Estados Unidos los latinoamericanos, cuando vamos al mercado, gastamos hasta un treinta por ciento más que la gente anglosajona, ¡y por eso los dueños de los supermercados nos aman!

Si observas los comerciales de televisión, vas a notar que los mejores comerciales son los que tienen que ver con la comida y con las bebidas.

Recordemos, entonces: en Estados Unidos, no más del quince por ciento de nuestras entradas de dinero deben ir a parar a los alimentos.

Aquí va un dato muy importante: si vives en Estados Unidos y estás gastando más del setenta y cinco por ciento de tus entradas de dinero en la suma de los alimentos, el transporte y la casa juntos, tienes serios problemas.

Algo debe cambiar en tu plan inmediatamente, porque si estás gastando más de ese porcentaje no te está quedando la suficiente cantidad de dinero para las otras siete u ocho categorías que todavía nos quedan por delante.

Lo importante en un plan para controlar tus gastos no son los porcentajes que te estoy sugiriendo. Por ejemplo, estuve hace poco en Guatemala y, de acuerdo a un estudio realizado recientemente, los guatemaltecos están gastando alrededor del treinta y siete por ciento de sus ingresos en alimentos y bebidas. Pero solamente el 21.6% en vivienda.[3] ¿Vemos cómo en diferentes países la estructura de los gastos es diferente?

Lo importante es que le asignes a cada una de las categorías algún porcentaje determinado de tu DD, y que cuando sumes todas las categorías, den el 100% o menos (no el 110, ni el 120 o el 130%).

Si estás casado(a), es imperativa la participación de ambos cónyuges en el proceso de decisión sobre la asignación de esos porcentajes. Si el plan familiar es solamente el producto de un solo miembro de la pareja, créeme, estás perdiendo el tiempo.

| **Comida** | $ _____ | Incluye todos tus gastos en alimentos. No incluyas artículos de limpieza (esos van en los gastos varios). Si los incluyes, debes disminuir el porcentaje de «gastos varios». No incluyas comidas fuera de la casa. Esas son parte de «recreación y entretenimiento». | *Consejo amigo...* ¿Cuál es tu dinero disponible? DD= _____ Multiplica esa cantidad por 0.15 _____ (DD) x 0.15 Coloca abajo el resultado. (Esta es la cantidad de dinero que deberías estar gastando en comida como máximo.) |
| Repite aquí la cantidad que gastas en comida | | | |

Cuenta de ahorros

¿Cuánto estás colocando en tu cuenta de ahorros todos los meses? Coloca en el espacio correspondiente cuánto estás ahorrando con regularidad. ¿Tienes que poner un «0» bien grande? ¡En el futuro habrá que cambiarlo!

Si tienes acceso a abrir una cuenta en un banco, abre una cuenta de ahorros y comienza a ahorrar ya mismo. Y si no, haz lo que hacía mi abuela: usa el colchón de tu cama o una latita donde empezar a colocar algo de dinero en forma regular. Si la moneda de tu país fluctúa, empieza a ahorrar en una moneda extranjera más estable (si está permitido por las leyes de tu nación).

Es interesante notar, por ejemplo, que cuando la gente está en serios problemas de deudas nunca me dicen: «Nosotros tomamos nuestra tarjeta de crédito, vamos y gastamos todo lo que podemos en lo que se nos da la gana». Siempre me dicen: «Estamos en deuda en nuestra tarjeta de crédito (o con nuestros parientes), porque surgió algo inesperado». Me parece que lo inesperado no sería tan inesperado ¡si lo estuviéramos esperando! Si uno ha estado ahorrando con regularidad, cuando llegue lo inesperado, uno puede ir y tomar esos ahorros evitando que el golpe económico sea tan fuerte.

Como vimos anteriormente, tu meta es tener unos dos o tres meses de salario acumulado en una cuenta de ahorros o en dinero en efectivo.

No tiene que ocurrir mañana ni el año que viene. Si vives en Estados Unidos, te recomendaría que tu primera meta sea, por ejemplo, ahorrar mil dólares. Eso ya te va a dar alguna protección para las situaciones inesperadas. Continúa ahorrando hasta que llegues a tener los dos o tres meses de salario.

Esa debe ser tu meta en cuanto a ahorros se refiere. «Hombre prevenido, vale por dos», dice un refrán popular. En cuanto a lo financiero, creo que hombre prevenido debe valer, por lo menos 3.75 ¡más intereses!

| **Ahorros** | $ _____ | Incluye solamente los ahorros que haces en dinero en efectivo. Las inversiones deben ir en otra parte de tu plan, al final. | *Consejo amigo...* ¿Cuál es tu dinero disponible? DD= _____ Multiplica esa cantidad por 0.05 _____ (DD) x 0.05 Coloca abajo el resultado. (Esta es la cantidad de dinero que deberías estar ahorrando, mes tras mes, como mínimo.) |
| Repite aquí la cantidad que ahorras al mes | $ _____ | | $ _____ |

Deudas

En esta categoría escribe todos los pagos de deudas y préstamos que estás haciendo mensualmente. Por ejemplo: si tienes una tarjeta de crédito con una deuda de mil dólares y estás pagando cien dólares todos los meses, coloca en esta categoría $100 (el pago mensual y no la deuda total). Si les has pedido dinero a tus padres, o a algún otro pariente o amigo, y estás pagando la deuda en forma regular, coloca en el casillero cuánto estás pagando mensualmente (por lo menos, de promedio). Si tienes una cuenta de fiado o si, por ejemplo, compraste un televisor a pagar en cuotas, coloca allí la cantidad del pago mensual. Ahora, suma todos los pagos de tus deudas y coloca esa cifra en el casillero correspondiente. En Estados Unidos, no más del 5% de tu DD (dinero disponible) debería ir al pago de deudas.

Pago de deudas		Escribe el pago	Consejo amigo...
Tarjetas	$ _____	promedio o el	¿Cuál es tu dinero
Préstamos	$ _____	pago mínimo que	disponible?
Fiado	$ _____	estás realizando	DD= _____
	$ _____	mensualmente	Multiplica esa
	$ _____	para saldar todas	cantidad por 0.05
	$ _____	tus deudas.	_____ (DD)
	$ _____	Aquí no se debe	x 0.05
	$ _____	incluir el pago de	Coloca abajo el
	$ _____	la casa ni el pago	resultado. (Esta
	$ _____	del auto.	es la cantidad
			de dinero que
			deberías estar
			pagando, mes
			tras mes, como
			máximo en tus
			pagos mensuales
			de deudas.)
Suma todas las cantidades. Estos son tus pagos mensuales de deudas.	$ _____		$ _____

Recreación

Con gastos de recreación me refiero a las salidas en forma regular. En estos años, la generación que nació en los años sesenta y setenta está saliendo mucho más que la generación de los treinta, cuarenta y cincuenta. En aquellas épocas, hace veinte años, la gente salía muy poco a comer a los restaurantes; en la actualidad sale mucho más a comer, a pasear, e incluso de vacaciones.

Había una época en que la gente no salía de vacaciones en forma regular, pero en estos tiempos la gente lo hace más seguido. Para esto, debemos guardar una cierta cantidad de dinero todos los meses; no vaya a ser que llegue el fin de año y uno no sepa de dónde sacar dinero para salir a pasear con su familia.

Escribe, entonces, en el casillero correspondiente, la cantidad de dinero que gastaste en tus últimas vacaciones, dividida por doce. A eso, súmale lo que gastas todos los meses en salir a pasear o comer solo o con la familia. No más del cuatro por ciento de tu DD debería ir a la recreación.

Gastos de entretenimiento y recreación		Escribe el costo total de las últimas vacaciones dividido por doce, para que te dé el promedio de dinero mensual que debes separar para ese gasto. Escribe cuánto gastas mensualmente en salir a pasear, en comer en restaurantes y en otros entretenimientos.	*Consejo amigo...* ¿Cuál es tu dinero disponible? DD=_____ Multiplica esa cantidad por 0.04 _____ (DD) x 0.04 Coloca abajo el resultado. (Esta es la cantidad de dinero que deberías estar gastando, mes tras mes, en entretenimiento y recreación.)
Vacaciones	$ _____		
Restaurantes	$ _____		
Salidas de paseo	$ _____		
Otros	$ _____		
entretenimientos	$ _____		
	$ _____		
	$ _____		
	$ _____		
	$ _____		
	$ _____		
Suma todas las cantidades. Estos son tus gastos mensuales de recreación.	$ _____		$ _____

Para pensar:

¿Te estás recreando demasiado? Cuanto más hablo con parejas jóvenes, tanto en países desarrollados como países en desarrollo, me he dado cuenta de un notable incremento en las costumbres de nuestras familias del continente.

Por ejemplo, mis padres rara vez salían a comer fuera; era una excepción a la regla. Nuestra generación ha hecho de la «comida basura» y las salidas a los restaurantes ¡la regla!

No digo que esté bien o mal. Sólo menciono que esta tendencia a salir más también puede estar afectando a nuestro presupuesto familiar de manera bastante negativa. Tendrás que evaluar eso tú mismo.

Ropa

Es importante tener dinero para comprar ropa. Quizá no compremos vestimenta todos los meses, pero es importante que cada mes tengamos una cierta cantidad de dinero que podamos separar para esta categoría.

Deberías tener una cajita o un sobre donde estés poniendo todos los meses dinero para la ropa. Así, cuando llegue el momento de comprar zapatos para los niños, o ropa para ti, o cualquier cosa que tenga que ver con la vestimenta, no sacarás del dinero de la comida para comprarlo, sino que tendrás un ahorro de donde comprar lo que necesites.

Si viene tu esposa y te dice: «Querido, ¡cómo me gustaría que me compres ese vestido rojo!», ahora puedes ir al sobre correspondiente a la ropa y ver si hay dinero o no. Si hay dinero, cómpralo. Si no, hay que esperar hasta que se pueda ahorrar lo suficiente.

De esta manera se evitan las peleas en el hogar, porque nos hemos puesto de acuerdo en separar cada mes algo de dinero para el vestuario personal y familiar. Para quienes viven en Estados Unidos, sugiero que no más del 4% del DD debería ser gastado cada mes en el área de la vestimenta.

Gastos de vestimenta	$ _____	Escribe la cantidad que gastas mensualmente, de promedio, en vestirte a ti y vestir a tu familia (si la tienes).	Consejo amigo... ¿Cuál es tu dinero disponible? DD= _____ Multiplica esa cantidad por 0.04 _____ (DD) x 0.04 Coloca abajo el resultado. (Esta es la cantidad de dinero que deberías estar gastando, de promedio en vestimenta.)
Repite aquí la cantidad que gastas al mes en vestimenta	$ _____		$ _____

Salud

¿Cuánto estás gastando todos los meses, de promedio, en médico, en dentista o en medicinas? ¿Estás comprando algún medicamento en forma regular? En casa, por razones médicas, usamos lentes de contacto desechables. Cada cuatro meses debemos comprar lentes nuevos. Lo que hacemos es tomar el gasto que tenemos cada cuatro meses, dividirlo por cuatro y colocar ese dinero aparte en nuestra cuenta de ahorros cada mes. Cuando llega el momento de comprar lentes, tenemos el dinero ahorrado.

Puede que también tengas ese tipo de gastos. Cada cierta cantidad de tiempo quizá tienes que comprar alguna medicina o asistir al doctor con regularidad. Si el gasto es cada tres meses, divídelo por tres y colócalo en el casillero; si es cada cuatro, divídelo por cuatro.

También puede que tengas un seguro de salud que estés pagando en forma mensual. En Estados Unidos los seguros de salud son bastante caros.

Es importante que anotes la cantidad que pagas de seguro de salud dentro de esta categoría. Nuevamente: no recomendamos que más del cinco por ciento de tu DD vaya a los gastos relacionados con la salud.

De todos modos, una familia con niños puede que esté gastando más y una sin niños puede que esté gastando menos. En muchos países, como en Canadá, los servicios de salud los proporciona el Estado y son gratuitos para la población. En otros países existe un pequeño pago que debe hacer el individuo, mientras que en otros, todo lo que tiene que ver con la salud es extremadamente caro.

Sea cual fuere tu situación particular, siempre te recomendamos tener un pequeño fondo de dinero para problemas de salud inesperados.

Gastos de salud	$ _____	Escribe la	*Consejo amigo…*
Pagos a los	$ _____	cantidad	¿Cuál es tu dinero
médicos	$ _____	que gastas	disponible?
Gastos de dentista	$ _____	mensualmente, de	DD= _____
Compra de	$ _____	promedio, en la	Multiplica esa
medicina	$ _____	salud personal o	cantidad por 0.05
Cuota del Seguro	$ _____	familiar.	_____ (DD)
de salud	$ _____		x 0.05
Compra lentes de	$ _____		Coloca abajo el
contacto	$ _____		resultado. (Esta
Otros gastos de			es la cantidad
salud			de dinero que
			deberías estar
			gastando, de
			promedio en
			salud.)
Suma todas las cantidades. Estos son tus gastos mensuales de salud.	$ _____		$ _____

Seguros

¿Tienes un seguro de vida? Si vives en Estados Unidos, Canadá, Europa o algún otro país desarrollado, deberías tenerlo.

Por lo menos, deberías estar seguro de que el día que te mueras, haya en algún lugar suficiente cantidad de dinero como para dejar todas tus cuentas cerradas.

Recibí una vez una carta de una señora que vivía en el Caribe que me dijo: «Mi esposo ha pasado a la presencia de Dios hace un par de semanas y me dejó más de 65,000 dólares en deudas. ¿Qué hago?» Yo pensé: ¡Qué terrible!

Los varones no deberíamos ser tan irresponsables con nuestras viudas y nuestros niños. Todos debemos tener un plan para por lo menos cerrar cuentas, pagar el entierro y proveer algo para el futuro de nuestros hijos(as).

Me enteré del triste caso de un difunto en el sur de Estados Unidos que tuvo que ser dejado por cinco días en la sala de su casa porque nadie lo quería enterrar. La compañía que estaba a cargo del entierro quería, por lo menos, el cincuenta por ciento del dinero por adelantado, y la viuda no tenía nada.

Enterrar al hombre costaba casi 5,000 dólares y había que pagar, por lo menos, 2,500 dólares antes de que ninguna de las funerarias se hiciera cargo. Así que allí se quedó el cuerpo de este señor: en la sala de su casa, hasta que varias iglesias de la zona se enteraron y juntaron los 2,500 dólares necesarios para resolver la situación. Les tomó cinco días juntar el dinero y pagarle a la empresa para que enterraran al hombre.

Uno diría: «Pobre hombre, qué terrible la compañía funeraria». ¡No señor! Yo diría: «Pobre mujer». Ese hombre fue un total irresponsable. Viviendo en Estados Unidos, él sabía muy bien los costos del entierro de una persona. Él también sabía que a través de su trabajo podría haber comprado un seguro de vida por muy poco dinero.

Fue su culpa que medio pueblo tuviera que andar buscando el dinero para ponerlo bajo tierra. Fue culpa de él, también, el haber dejado a su mujer en la pobreza. En Estados Unidos, el costo de un seguro de vida es extremadamente barato comparado con el sueldo que se recibe. Con dos o tres horas de trabajo al mes podría haber pagado un seguro de vida que pudiera costear todos los gastos de su entierro y haberle dejado un par de miles de dólares a la viuda para que se ajustara a su nueva situación.

Este hombre no me da pena... ¡me da indignación!

Ahora que lo estoy pensando, creo que lo que nos pasa es que no nos gusta hablar de la muerte. Creemos que si hacemos arreglos para cuando nos vayamos a morir nos va a traer mala suerte. ¡Todo lo contrario, señores! La pregunta con respecto a la muerte no comienza con: «Si...», comienza con: «Cuando...». Te tengo noticias: las estadísticas indican que 100% de las personas van a morir algún día. Eso te incluye a ti también, así que... ¡prepárate!

Entonces, ¿cómo quieres que te recuerden en tu funeral? ¿Como un esposo y padre sabio, previsor y amante de los suyos, o como el irresponsable que dejó a su familia «entre la pampa y la vía»?

Nosotros los varones (y las mujeres también) debemos tener dinero, un plan o la cantidad suficiente de seguro de vida como para dejar las cosas en orden. No es tan caro como pensamos, y demuestra una actitud de madurez y responsabilidad por nuestra parte.

Aquí hay algunas preguntas que me gustaría hacerte:

¿Tienes un seguro de vida?   Sí: ___ No: ___

Si lo tienes, ¿saben tus beneficiarios que lo tienes?   Sí: ___ No: ___

¿Cuál es el valor total de tu póliza de seguro de vida? _____

¿Es suficiente para cubrir tus gastos de entierro,

pagar todas tus deudas y proveer para las metas

educacionales de tus hijos(as)?   Sí: ___ No: ___

Multiplica tus entradas *anuales* por cinco: esta es una cantidad de seguro para considerar.

Si no tienes un seguro de vida, escribe el nombre de un par de compañías respetables, sus números telefónicos y para cuándo has concertado una cita con ellos:

Nombre de la empresa de seguros	Teléfono	Fecha de la cita

Nota para gente de trasfondo religioso: Me he encontrado en varias de mis conferencias con gente que asiste a alguna comunidad religiosa con regularidad, y me han preguntado si tener un seguro no representa una falta de confianza en Dios.

Desde mi punto de vista, tener un seguro de vida no representa en absoluto una falta de confianza en la provisión de Dios. Hay una diferencia entre «*pre*visión» y «*pro*visión». Nosotros, como fieles administradores, debemos hacer previsión. A Dios le toca la provisión.

El seguro es una herramienta de previsión. Es un «fondo común» entre varias personas para ayudarse a sobreponerse a sus necesidades en caso de alguna emergencia. Representa la inversión de tu capital durante la época de las «vacas gordas» para proveer durante la época de las «vacas flacas».[4] Es el imitar a la hormiga, que guarda durante el verano para aprovisionarse durante el invierno.[5]

Costos de seguros		Escribe la cantidad que pagas mensualmente en seguros. No debes incluir el seguro de salud, el de la casa ni el del auto, porque ya están incluidos en otras categorías.	Consejo amigo... ¿Cuál es tu dinero disponible?
Seguro de vida	$ _____		DD= _____
Otros seguros	$ _____		Multiplica esa
	$ _____		cantidad por 0.05
	$ _____		_____ (DD)
	$ _____		x 0.05
	$ _____		Coloca abajo el
	$ _____		resultado. (Esta
	$ _____		es la cantidad
	$ _____		de dinero que
	$ _____		deberías estar
			pagando, como
			máximo, en
			seguros.)
Suma todas las cantidades. Estos son tus pagos mensuales en seguros.	$ _____		$ _____

Gastos varios

En esta categoría puedes colocar todos los otros gastos que no hayas clasificado en ninguna otra categoría. Cuanta más gente ayudo a armar su plan para controlar gastos, más me doy cuenta de lo importante que es esta categoría. Estos gastos son como un barril sin fondo. Aquí se va todo el dinero en efectivo.

Mi recomendación es que no más del cuatro o cinco por ciento del DD vayan en esta área de gastos.

¿Qué son gastos varios? Son suscripciones a diarios, a revistas, cosméticos para la señora, gastos de peluquería, lavandería, tintorería, comidas en el trabajo, barbería para los varones, cuotas de clubes, hobbies que tengas, gastos de cumpleaños (¿te has dado cuenta de que todos los meses hay alguien que cumple años en la familia?), aniversarios, regalos de Navidad, etc.

Algunos de nosotros estamos ayudando a nuestros padres o a miembros de nuestra familia en forma regular. Lo podríamos colocar aquí, en el área de los gastos varios. Algunos vivimos en Estados Unidos y estamos mandando dinero al exterior. Si quieres, puedes colocar esa cantidad en esta categoría.

Colocamos en gastos varios el dinero en efectivo que gastamos en dulces o en darnos un gusto de vez en cuando. Incluye, básicamente, cualquier gasto que no hayamos considerado anteriormente.

El control de nuestros gastos varios es crítico para poder llegar a fin de mes. Una vez que los gastos fijos como la vivienda, los seguros, el transporte, los ahorros y los pagos de deudas están dentro de los límites del plan, no hay mucho de qué preocuparse. Si están dentro de esos límites, allí se van a quedar (porque son «fijos»).

No ocurre lo mismo con los gastos «misceláneos». Esos gastos son extremadamente variables y nos resulta muy difícil controlarlos. Por eso, debemos ver (con la cajita de zapatos) cómo se nos va el dinero en estos gastos y colocarles un «tope».

A partir de hoy, tú te vas a asignar una cierta cantidad de dinero para gastar en gastos varios y, cuando se te acabe ese dinero, debes hacer el profundo compromiso de parar de gastar.

Esa será la única forma de controlar tu plan y los gastos que tienes. Si no lo haces, nunca llegarás a fin de mes y nunca conquistarás este tiempo de crisis.

Gastos varios		Coloca aquí todos	*Consejo amigo…*
Diarios	$ _____	los gastos. Incluye	¿Cuál es tu dinero
Revistas	$ _____	aquí los regalos	disponible?
Suscripciones	$ _____	de cumpleaños	DD= _____
Cosméticos	$ _____	de la familia,	Multiplica esa
Peluquería	$ _____	aniversarios	cantidad por 0.04
Lavandería	$ _____	y regalos de	_____ (DD)
Tintorería	$ _____	Navidad.	x 0.04
Almuerzos	$ _____		Coloca abajo el
Cuotas clubes	$ _____		resultado. (Esta
Hobbies	$ _____		es la cantidad
Cumpleaños	$ _____		de dinero que
Aniversarios	$ _____		deberías estar
Feriados	$ _____		gastando en
especiales	$ _____		gastos varios
Ayuda a padres	$ _____		como máximo.)
Ayuda a la familia	$ _____		
Envíos exterior	$ _____		
Otros	$ _____		
	$ _____		
	$ _____		
Suma todas las cantidades. Este es el total de gastos varios que tienes cada mes.	$ _____		$ _____

Hasta aquí, nuestro plan llega al cien por ciento del dinero disponible:

Transporte	15%
Vivienda	38%
Alimentos	15%
Ahorros	5%
Deudas	5%
Recreación	4%
Vestimenta	4%
Salud	5%

Seguros	5%
Gastos varios	4%
Total de gastos	100%

A lo largo del tiempo hemos visto que en diferentes países existen diferentes necesidades, especialmente en el área educativa. Por eso, hemos agregado un par de categorías más y hemos abierto la oportunidad para que se sumen nuevas categorías en caso de ser necesario.

Entonces, al agregar estas categorías extra se debe recordar que deben ser ajustadas para que todavía los gastos nos puedan dar el cien por ciento de nuestro dinero disponible.

Por ejemplo: si estás enviando a tu hijo a una escuela privada que llega al cinco por ciento de tu DD, entonces deberás disminuir los porcentajes de otras categorías como gastos médicos, deudas o transporte para poder lograr mantener a tus gastos dentro del cien por ciento de tu dinero disponible.

Aquí están, entonces, las categorías «extra»:

CUIDADO DE LOS NIÑOS. Muchas veces el esposo y la esposa trabajan y pagan a alguien que les cuide a los niños. Puedes anotar dentro de esta categoría la cantidad de dinero que gastas mensualmente en el cuidado de tus hijos e hijas.

EDUCACIÓN. Otro gasto es el área de la educación privada (incluyendo clases de música, instrumentos, gimnasia, etc.). Coloca en esta categoría todos los gastos de educación de tus hijos tanto dentro como fuera del ámbito escolar.

OTROS GASTOS. Si tienes algún otro gasto que no hemos cubierto en este plan, inclúyelo aquí:

Categorías extra		Incluye aquí	Consejo amigo...
Cuidado de niños	$ _____	todos los otros	Recuerda
Educación privada	$ _____	gastos que no	disminuir el
Piano	$ _____	hemos cubierto	porcentaje de
Música	$ _____	con nuestro plan	gastos de otras
Gimnasia	$ _____	original.	categorías del
Idiomas	$ _____		plan principal
Otros gastos	$ _____		para que, al
	$ _____		agregar este
	$ _____		nuevo gasto,
	$ _____		la suma te dé
	$ _____		todavía el cien
	$ _____		por ciento de tu
	$ _____		dinero disponible.
	$ _____		
	$ _____		
	$ _____		
	$ _____		
	$ _____		
Repite aquí la cantidad que estás gastando en otras categorías no contempladas en el plan original.	$ _____		$ _____

Ahora, suma todas las categorías; todos los totales de todas las categorías. Eso te va a dar tus gastos totales de la familia. Escríbelo en este formulario:

Cantidad de gastos:

Vivienda: _____

Transporte: _____

Comida: _____

Deudas: _____

Entretenimiento: _____

Vestimenta: _____

Ahorros: _____

Gastos médicos: _____

Seguros: _____

Gastos varios _____

Otros gastos: _____

Total de gastos: _____

Sistema de sobres y días de pago familiar

El sistema que mi esposa y yo hemos puesto en práctica en nuestro hogar, y hemos enseñado a cientos de miles de personas alrededor del mundo, funciona de la siguiente forma: lo primero que debes hacer es ponerte de acuerdo en cuánto vas a gastar cada mes en cada categoría.

En segundo lugar, debes decidir cuáles de esas categorías las vas a manejar con dinero en efectivo. Por ejemplo: la comida, el entretenimiento, los gastos varios, el transporte (para gasolina), etc.

El tercer paso es dividir esos gastos mensuales en cuatro y declarar cuatro «días de pago familiar» al mes: el 1, el 8, el 16 y el 24.

Cuidado: no te estoy recomendando que dividas el mes en cuatro semanas, sino en cuatro «días de pago» La razón es que, de vez en cuando, vas a tener cinco semanas en un mes, y una de las razones por las que estás armando un plan es para proporcionar consistencia a tus gastos. La quinta semana hace que tu plan sea inconsistente.

Olvídate, entonces, de las semanas del mes y de las fechas cuando cobras tu salario. Cuando cobras, simplemente asegúrate de que el dinero va a tu cuenta de banco o a un lugar central de donde sacarás el dinero para gastarlo más adelante.

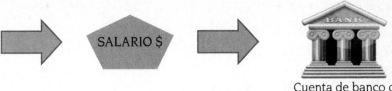

Cuenta de banco o
lugar donde guardas
tu salario

Simplemente establece el 1, el 8, el 16 y el 24 como los días en que irás al banco (o a tu colchón familiar) para retirar el dinero en efectivo que necesitarán para los próximos siete u ocho días. Acá va un ejemplo:

Categorías	Días de pago familiar			
	1	8	16	24
Comida				
Vestimenta				
Recreación				
Transporte				
Gastos varios				
Total de retiro				

No te preocupes de los otros gastos (alquiler, gas, luz, pagos del auto, etc.). Si armaste correctamente tu plan de control de gastos de acuerdo a los parámetros que te hemos sugerido, esa parte del plan «se cuida sola». Esos gastos son casi «fijos», y la mayor cantidad de dinero que desperdiciamos, en realidad, se nos va a través de nuestros gastos variables y del dinero en efectivo que tenemos en el bolsillo.

Debes decidir entonces: ¿cuánto vamos a gastar en comida? Si decidimos que vamos a gastar 400 dólares en comida por mes, eso quiere decir que vamos a tomar 100 dólares cada «día de pago familiar» para comer durante los próximos 7-8 días. Ese debe ser un compromiso firme por nuestra parte.

Si vamos a separar unos ochenta dólares por mes para la vestimenta de la familia, entonces cada día de pago retiraremos veinte dólares.

Si vamos a gastar cien dólares en entretenernos, entonces retiraremos veinticinco dólares cada día de pago familiar. Mira el ejemplo:

Categorías	Días de pago familiar			
	1	8	16	24
Comida	100	100	100	100
Vestimenta	20	20	20	20
Recreación	25	25	25	25
Transporte				
Gastos varios				
Total de retiro				

¿Te das cuenta de que aquí no importa si cobras semanalmente, quincenalmente o mensualmente? Lo único que importa es que tú retires del banco la cantidad que has presupuestado para vivir durante los próximos siete u ocho días. De lo único que te debes preocupar es de no sacar más dinero del que te has prometido gastar. El resto del plan se cuida solo.

Suponte, entonces, que también decides que necesitas unos 160 dólares por mes para gastos de transporte y unos $200 para gastos varios. Así quedará tu cuadro de retiro de dinero:

Categorías	Días de pago familiar			
	1	8	16	24
Comida	100	100	100	100
Vestimenta	20	20	20	20
Recreación	25	25	25	25
Transporte	40	40	40	40
Gastos varios	50	50	50	50
Total de retiro	235	235	235	235

Eso quiere decir que cada «día de pago familiar», retirarás $235 del banco para tus gastos en efectivo hasta el próximo «día de pago».

Ahora tienes una forma de control. Ahora sabes que cada siete u ocho días, vas a gastar $235 dólares en efectivo para tus gastos variables y, maravillosamente, ¡has convertido tus «gastos variables» en ¡gastos fijos!

Ahora estás en control. Tú controlas el dinero y el dinero no te controla a ti.

Te animo a que hagas una práctica: trata de definir tus gastos en dinero en efectivo para cada «día de pago».

Categorías	Días de pago familiar			
	1	8	16	24
Total de retiro				

 Finalmente, ahora, lo que debes hacer es tomar algunos sobrecitos para distribuir entre ellos el dinero en efectivo. Nosotros, en casa, usamos un sistema de sobres que creamos en nuestra organización que se cierra como si fuera una billetera. Tú puedes usar sobres de tu casa, si quieres.

Entonces a uno de los sobres le colocas la palabra «donativos»; a otro, «vivienda»; a otro, «alimentación o comida»; a otro, «transporte»; y así vas teniendo un sobrecito para cada categoría que has escrito arriba.

Yo siempre recomiendo tener sobres para el esposo y para la esposa. Pueden usar, también, una cajita de cartón para poner los sobres.

Entonces, cada día de pago familiar la esposa y el esposo se dividen el dinero.

Ejemplo: si dijimos, por ejemplo, que vamos a gastar cien dólares en alimentos entre cada día de pago familiar, entonces tomamos el sobrecito de la comida y colocamos allí los cien dólares (o los dividimos entre el sobre del esposo y la esposa).

Cuando vamos al mercado, tomamos el sobre de la comida y pagamos con el dinero que hay en él. El problema viene cuando se nos acaba el dinero de ese sobre antes del siguiente día de pago. Por favor: ¡no dejes de comer!

Vamos a sufrir un poco durante dos o tres meses. Pero una vez que aprendes que no hay que gastarse todo el dinero del sobre al comienzo de la semana, te vas a dar cuenta de lo poderoso que es este concepto.

Lo mismo ocurre, por ejemplo, en el área del entretenimiento. Suponte que llega el domingo. Al salir de la iglesia o el club, tu amiga, Carolina, te dice: «¡Vamos a comernos una pizza!» Entonces, ¿qué haces? Sencillo: tomas el sobrecito del entretenimiento y miras: «¿Tengo o no tengo dinero para ir a comer una pizza?»

Si no tienes dinero, entonces, le dices a tu amiga: «¿Sabes? Va a tener que ser la semana que viene, porque me he gastado todo el dinero del entretenimiento para esta semana». Quizá, entonces, Carolina te diga: «No te preocupes, yo pago». Entonces, tú, muy amablemente le dices: «¡Gracias! ¡Eres una buena amiga!»

¡Y esa es la diferencia entre los que tenemos un plan y los que no! Los que no tienen un plan no saben cuándo parar de gastar.

Lo mismo debe ocurrir con los gastos misceláneos. Una vez que se te acabaron los «gastos varios» de la semana, no vas a poder ir a cortarte el cabello o a hacerte las uñas hasta la semana que viene. ¿Por qué? Porque ya se te acabaron los gastos misceláneos y te has comprometido a esperar hasta el próximo día de pago familiar.

Quizá no vas a poder comprarte algún diario o revista predilecta este mes porque has gastado demasiado en esa categoría. Tal vez alguna otra cosa tenga que sufrir las consecuencias de una mala administración durante las semanas anteriores. El asunto, ahora, es estar totalmente comprometidos a cumplir con la palabra empeñada.

Anexo 2

Paradojas para el éxito

Paradoja: Una frase que parecería ser incorrecta o contradictoria.

Para aquellos a quienes les interesa el trasfondo filosófico de los cambios de paradigma que el patriarca Sofronio le estaba pidiendo a Maurus que hiciera, he hecho una lista de las «paradojas para el éxito» y sus fuentes en la Biblia.

1. Debemos morir para vivir

Juan 12.24-25 (TLA): Ustedes saben que si un grano de trigo cae en la tierra y no muere, no produce nada. Pero si muere, da una cosecha abundante. Si ustedes consideran que su vida es más importante que obedecerme, no tendrán vida eterna. Pero si consideran que su vida en este mundo no es importante y me obedecen, entonces tendrán vida eterna.

2. Debemos dar para recibir

2 Corintios 9.6: Pero esto digo: El que siembra escasamente, también segará escasamente; y el que siembra generosamente, generosamente también segará.

3. Debemos convertirnos en siervos para ser líderes

Marcos 10.42-44 (TLA): En este mundo, como ustedes bien saben, los jefes de las naciones gobiernan sobre sus pueblos y no los dejan hacer nada sin su permiso. Además, los líderes más importantes de un país imponen su autoridad sobre cada uno de sus habitantes. Pero entre ustedes no debe ser así. Al contrario, si alguien quiere ser importante, tendrá que servir a los demás. Si alguno quiere ser el primero, deberá ser el esclavo de todos.

4. Debemos perder para ganar

Mateo 10.39 (igual en Mateo 16.25; Marcos 8.35; Lucas 17.33): El que halla su vida, la perderá; y el que pierde su vida por causa de mí, la hallará.

5. Debemos humillarnos para ser afirmados

Marcos 9.35 (TLA): Entonces él se sentó y llamó a los doce, y les dijo: Si alguno quiere ser el primero, será el postrero de todos, y el servidor de todos.

6. Debemos desechar el amor
a las posesiones para ser ricos

1 Timoteo 6.9-10: Porque los que quieren enriquecerse caen en tentación y lazo, y en muchas codicias necias y dañosas, que hunden a los hombres en destrucción y perdición; porque raíz de todos los males es el amor al dinero, el cual codiciando algunos, se extraviaron de la fe, y fueron traspasados de muchos dolores.

Proverbios 13.7: Hay quienes pretenden ser ricos, y no tienen nada; y hay quienes pretenden ser pobres, y tienen muchas riquezas.

7. Debemos considerar las ganancias
como pérdidas por amor a Dios

Filipenses 3.7: Pero cuantas cosas eran para mí ganancia, las he estimado como pérdida por amor de Cristo.

8. Debemos convertirnos en necios
para ser sabios

1 Corintios 3.18: Nadie se engañe a sí mismo; si alguno entre vosotros se cree sabio en este siglo, hágase ignorante, para que llegue a ser sabio.

Isaías 32.1-20: El quinto «Ay» (cap. 31) concluye con una profecía sobre el liderazgo en los versos 1 al 8 y sus efectos (vv. 9-20). Paradójicamente, los líderes generosos (vv. 1-5) producen abundancia y seguridad permanente (vv. 16-20), mientras que los miserables (vv. 6-7) producen seguridad falsa y desolación (vv. 9-14).

2 Corintios 6.4-10 (TLA): En todo lo que hacemos, demostramos que somos servidores de Dios, y todo lo soportamos con paciencia. Hemos sufrido y tenido muchos problemas y necesidades. Nos han dado latigazos. Nos han puesto en la cárcel, y en medio de gran alboroto nos han maltratado. Hemos trabajado mucho. Algunas veces no hemos dormido ni comido. A pesar de todo eso, nuestra conducta ha sido impecable, conocemos la verdad, somos pacientes y amables. El Espíritu Santo está en nuestras vidas, y amamos de verdad. Con el poder que Dios nos da, anunciamos el mensaje verdadero. Cuando tenemos dificultades, las enfrentamos, y nos defendemos haciendo y diciendo siempre lo que es correcto. A veces nos respetan y nos tratan bien, pero otras veces nos desprecian y nos maltratan. Unas veces hablan bien de nosotros, y otras veces mal. Aunque decimos la verdad, nos llaman mentirosos. Aunque nos conocen muy bien, nos tratan como a desconocidos. Siempre estamos en peligro de muerte, pero todavía estamos vivos. Nos castigan, pero no nos matan. Parece que estamos tristes, pero en realidad estamos contentos. Parece que somos pobres, pero a muchos los hacemos ricos. Parece que no tenemos nada, pero lo tenemos todo.

Plan para salir de deudas [1]

El problema que veo con la mayoría de asesores económicos es que, aunque lo hacen con muy buenas intenciones, tienen tendencia a tratar los síntomas y no el problema de fondo. El aumentar entradas o bajar gastos, por ejemplo, es solamente una aspirina para tratar los síntomas del dolor de cabeza. Sin embargo, si uno no opera el cáncer que le produce el dolor de cabeza, puede que tenga una muerte sin dolor, pero de todas maneras morirá.

Entonces, la intención de lo que compartiré contigo en las próximas páginas es ayudarte a cambiar principios y valores que te llevarán a *posicionarte correctamente* para hacer algunas cosas bien prácticas que te ayudarán tremendamente en el proceso de alcanzar la sanidad económica personal y familiar.

Un cambio de adentro hacia afuera

Cuando hablamos de llegar a la meta de salir de las deudas y llegar a la prosperidad integral debemos comenzar parafraseando a Albert Einstein.

Él diría que «los problemas económicos que confrontamos hoy no los podremos resolver con el mismo nivel de pensamiento que nos llevaron a tener esos problemas en primera instancia». Dicho en otras palabras: la única manera de mejorar nuestra situación económica actual es movernos hacia un nivel de ideas y valores más altos de aquel nivel de ideas y valores que nos llevó hasta el lugar en que nos encontramos hoy.

Traducido al criollo, eso sería: «Aunque la mona se vista de seda, ¡mona se queda!»

Esa es la razón por la que la mayoría de los libros sobre «Cómo hacerse rico en 40 días» no cumplen con su cometido. Es en vano tratar de manejar un automóvil sin motor o tratar de cabalgar sobre un caballo muerto. Uno debe dejar de creer que cambios superficiales y cosméticos nos ayudarán a realizar verdaderos y permanentes avances en el área de la prosperidad.

Cuando nosotros estábamos hundidos en las deudas, siempre buscábamos una manera «instantánea» de salir. No fue hasta que nos dimos cuenta de que los problemas económicos que teníamos eran el resultado de nuestro comportamiento, que entramos en el camino de la sanidad financiera.

La primera pregunta que debes hacerte es: «¿Por qué estoy en la situación en la que estoy?» Realmente. Con frialdad. Mírate a ti mismo y pregúntate honestamente la causa de fondo por la cual estás metido en el problema en que estás. Descubrir la causa de fondo es primordial para comenzar el camino hacia la sanidad.

Las damas saben esto muy bien. Todos aquellos que hemos sufrido bajo el rigor de las dietas sabemos que matarnos de hambre para bajar dos o tres kilos en una semana no sirve de mucho. Lo más probable es que los kilos vuelvan a nuestra vida (y a nuestro cuerpo) un par de semanas después de terminar la dieta.

Para bajar de peso una vez y para siempre, hace falta un cambio más profundo en nuestro estilo de vida. Necesitamos comenzar a ver la comida y a vernos nosotros mismos en forma diferente. Ello nos llevará a establecer una nueva relación entre nosotros y los alimentos que ingerimos. Al establecer esa nueva relación, también estableceremos nuevos patrones de selección de las comidas y nuevos patrones de preparación de los alimentos (¡patrones críticos para bajar de peso en Latinoamérica!).

Una vez establecidos esos nuevos patrones, nuestro cuerpo reaccionará positivamente al cambio y bajaremos de peso para nunca más volver a ganarlo.

La razón primordial del éxito no fue el haber hecho una dieta. Esta vez logramos controlar nuestro peso durante el resto de nuestras vidas porque hemos producido un cambio en nuestro *estilo de vida* de adentro hacia afuera. Ese cambio fue el resultado, sobre todo, de un cambio filosófico interior primero y luego de un cambio de comportamiento externo que nos llevó a lograr la meta que teníamos por delante.

Si Einstein fuera latinoamericano y estuviera escribiendo este libro, quizá nos lo explicaría diciendo: «Primero, cambiamos a la mona por una bella joven de dieciocho años y luego, entonces, la vestimos de seda».

De nada sirve que te dé todos los secretos y los pasos para salir de las deudas si no cambias tu comportamiento. Ese es el problema con muchos asesores económicos: ayudan a la gente a resolver su situación de una manera superficial (pidiendo una segunda hipoteca sobre su casa o consolidando sus deudas), sin resolver los problemas de fondo. Por eso, dos o tres años después, la gente está en el mismo hoyo...¡nada más que, ahora, con el doble de deudas!

El primer paso: Un plan de control de gastos

Si quieres ser libre de tus deudas, debes, una vez que has comenzado a cambiar en tu *ser*, tener una forma de controlar el dinero sin dejar que el dinero te controle a ti. Muchos latinos en vez de consumir para vivir, viven para consumir. Viven atrapados por la incertidumbre de si llegarán a fin de mes o no, sin tener la menor idea de cómo están gastando su dinero.

Hablamos de un plan para controlar gastos porque es importantísimo tener un plan que nos permita «parar a tiempo» una vez que se acabaron los recursos disponibles para hacer una determinada compra. Al mismo tiempo, un plan de control de gastos —un presupuesto— nos permitirá saber exactamente no sólo cuánto podemos gastar en una determinada compra, sino también determinará qué tan grande, nuevo o costoso será el bien que habremos de comprar...¡antes de ni siquiera salir a la calle a comparar precios! Ya hemos explicado con mucho detalle cómo hacer un plan y cómo controlarlo en el anexo 1. Por tanto, no vamos a repetir aquí la misma información.

Lo más importante a recordar es que el primer paso para salir de las deudas es tener un plan para controlar los gastos. Escribe a continuación las cantidades de tu plan:

Nuevo pacto para nuestros gastos:

Transporte: _____

Vivienda: _____

Comida: _____

Ahorros: _____

Deudas: _____

Entretenimiento: _____

Vestimenta: _____

Gastos de salud: _____

Seguros: _____

Gastos varios: _____

Categorías extra: _____

Total de gastos: _____

Dos distinciones importantes: necesidades y deseos

Una vez que tenemos un plan para controlar nuestros gastos y que tenemos un sistema de control presupuestario (sea con planillas, con un programa de computadora o con un sistema de sobres), necesitamos ahora movernos a una de las áreas más difíciles en el proceso de sanidad financiera: desprogramar nuestra mente.

Por muchos años, las oficinas de mercadotecnia del país han estado gastando millones y millones de dólares en programar la forma en la que respondes al mundo que te rodea. Te advierto: no será fácil borrar el daño que te han hecho. Pero una vez que pongas tu mente y tu corazón en libertad, nunca más volverás a ser presa de las campañas publicitarias que «lavan» el cerebro a millones de tus compatriotas día tras día.

Lo primero que tenemos que reprogramar en tu mente es la forma en que hablas. Por decenios, los medios de comunicación social nos han enseñado a hablar de una manera muy particular en lo que respecta a los bienes de consumo: nos han enseñado a tener necesidades que no existen.

En realidad, tengo magníficos amigos que se ganan la vida, alimentan a su familia y educan a sus hijos con el salario que reciben por ser parte de una oficina publicitaria o una oficina de mercadeo en Latinoamérica. ¿Una de sus tareas principales? La creación de necesidades inexistentes en la mente de los consumidores: esos somos tú y yo.

Por eso, una de las primeras cosas que debemos hacer es aprender a hablar. Debemos aprender a diferenciar entre necesidades, deseos y gustos.

Antes de diferenciar estos dos conceptos quisiera recalcar que no está mal tener deseos o gustos y satisfacerlos. No estamos promoviendo el masoquismo. Sin embargo, para llegar a la sanidad financiera es importantísimo tener en claro cuáles son realmente nuestras necesidades y cuáles no lo son. O, como alguien dijo: diferenciar «nuestras necesidades de nuestras necedades».

Debemos satisfacer nuestras necesidades primeramente y, luego, satisfacer nuestros deseos y gustos solamente en el caso de que tengamos los recursos económicos disponibles para hacerlo.

También debemos ver la decisión con el corazón de un administrador. A veces, uno puede llegar a tener el dinero para hacer una determinada compra, pero, desde el punto de vista de una sabia administración, es mejor invertir en apoyar un hogar de niños, una organización de beneficencia, una fundación, que tener el último modelo de un determinado auto estacionado en el garaje de la casa.

El problema es que las campañas publicitarias nos han enseñado a hablar mal. Nos han enseñado a decir que todas las cosas que queremos comprar son «necesidades». Los varones decimos: «Necesito una computadora», o «Necesito unas vacaciones en la playa». La hija más pequeña dice: «Necesito un vestido rojo para Navidad»; la señora de la casa dice: «Necesitamos un televisor nuevo».

Cuando empezamos a decirnos en voz alta que «necesitamos» algo, creo que nuestro cerebro se convence de que es una «necesidad» y comienza a buscar la forma de proveer para esa necesidad. Debemos aprender a usar un vocabulario diferente en el momento de hablar de compras.

a. La necesidad

Cuando tomé mis clases de psicología en la universidad, se estudió en alguna de ellas la famosa «Escala de Maslow». Esa escala dividía las necesidades del ser humano en cinco áreas generales que iban desde las más básicas (fisiológicas) hasta la necesidad de sentirse realizado (pasando por la necesidad de seguridad, pertenencia y autoestima).[2]

Sin embargo, para los propósitos de nuestro estudio, voy a definir como «necesidad económica» todas aquellas cosas que realmente necesitamos para sobrevivir: comida, vestimenta, un techo sobre nuestra cabeza, etc. No solamente cosas materiales o corporales, sino todo aquello que verdaderamente necesitemos para nuestra supervivencia como seres humanos (por ejemplo: seguridad, salud, transporte, etc.).

Nosotros debemos colocar nuestras necesidades en el nivel de prioridad más alto. Debemos buscar suplirlas a toda costa. Allí deben ir nuestros recursos financieros sin mayores dudas ni retrasos.

b. Los deseos

Cuando hablamos de las compras que tenemos que hacer, todo aquello que no es una necesidad, es un deseo. Ya sea un deseo en el que expresamos la aspiración de una mejor calidad para suplir una necesidad determinada o un gusto en el que simplemente quisiéramos tener algo que nos gusta.

Un deseo podría ser, por ejemplo, un buen pedazo de bistec en lugar de una hamburguesa. El alimento es una necesidad básica del cuerpo. Pero, en este caso, uno está queriendo satisfacer esa necesidad con un producto más costoso y de más alta calidad: un bistec. Lo mismo podría ocurrir en todas las otras áreas de necesidades reales en nuestra vida: podemos comprar un vestido en una tienda de vestidos usados o podemos comprar uno de alta confección. En ambos casos, la vestimenta es una necesidad, pero la forma en que queremos satisfacer esa necesidad puede transformar la compra en un deseo.

Un gusto es todo aquello que no tiene nada que ver con una necesidad. Comprarnos un gabinete para el televisor, una mesa para el patio de la casa, una videograbadora, un velero o adquirir otra propiedad para hacer negocio con ella, pueden ser ejemplos de este tipo de deseos.

Nosotros deberíamos satisfacer nuestros gustos solamente después de satisfacer nuestras necesidades, y siempre y cuando tengamos los recursos económicos para hacerlo.

Finalmente, debemos tomar nota de que no siempre lo que parece un «ahorro» realmente lo es. Por un lado, porque, como dicen muchas damas del continente: «Lo barato sale caro». En algunas circunstancias nos conviene comprar cosas de mejor calidad, pero que nos durarán de por vida, que cosas de baja calidad que tendremos que reemplazar cada cierta cantidad de años.

Por otro lado, no siempre es una buena idea comprar en «ofertas». Si compro diez jabones de lavar la ropa porque estaban casi a mitad de precio y después de dos días me quedo sin dinero para comprar leche, he hecho una mala inversión. Ahora tengo dinero sentado en la repisa del cuarto de lavar la ropa que se me ríe en la cara, porque no puedo prepararme un café con jabón: necesito leche. Este es un típico caso en el que no me conviene «ahorrar gastando».

Sin embargo, si el almacén de la esquina de mi casa está ofreciendo dos litros de leche por el precio de uno, debería inmediatamente tomar la oferta (especialmente si tengo niños en casa). La leche es un elemento de consumo diario y es una necesidad básica para mi supervivencia. El jabón de lavar la ropa y otros limpiadores pueden ser reemplazados por alternativas más baratas.

Este último problema de comprar más de lo que uno necesita y tener dinero estancado en las alacenas de la casa es un problema que millones de negociantes confrontan cada día a lo largo y ancho del mundo. Lo creas o no, el manejar la economía de un hogar tiene mucho que ver con la forma en que se maneja la economía de un negocio, incluso con la forma en que se maneja la economía de un país.

Una solución práctica:
Disminuir gastos o incrementar entradas

A estas alturas, después de aclarar el «ser» y el «hacer», podemos ya hablar de un consejo más que cualquier asesor financiero te daría: desde el punto de vista de las finanzas, para salir de deudas uno tiene dos opciones básicas: incrementar entradas o disminuir gastos; y es mejor si haces las dos cosas al mismo tiempo.

Para incrementar tus entradas, mira la posibilidad de hacer algún trabajo en casa, de convertir algún hobby en un negocio. (¿Te gusta arreglar autos? Quizás puedes hacer algo de mecánica en el barrio. ¿Eres bueno como carpintero, electricista o albañil? Quizá puedes certificarte para hacer eso en tus ratos libres.)

Por supuesto, la esposa y los hijos mayores también pueden ayudar trabajando fuera. Sin embargo, antes de que la madre salga a trabajar yo consideraría los costos: tanto económicos como emocionales y espirituales.

Sé que en algunos de nuestros países uno necesita tres salarios para poder sobrevivir. Sin embargo, no estamos hablando aquí de situaciones extremas de pobreza o de inestabilidad económica del país.

En casa, siempre que hemos podido evitar que mi esposa salga a trabajar fuera de la casa, lo hemos hecho. Por dos razones:

a. Si necesitas que una niñera o una organización te cuide los niños, la cantidad real de dinero que la esposa trae a la casa es ínfima, comparado con las pérdidas emocionales y espirituales. Cuando uno suma el costo del cuidado de niños al costo de la ropa, el transporte, las comidas fuera de la casa, las comidas «precocinadas» que hay que comprar porque no hay tiempo para que mamá cocine y otros gastos asociados, te darás cuenta de que la esposa ha salido a trabajar ¡casi gratis!

b. En casa queremos que nuestros niños absorban los principios y valores de los padres, no de una vecina, una niñera o del gobierno. La única manera de influenciar a los niños es a través del ejemplo personal y de la inversión de tiempo y esfuerzo propio en sus vidas. Nuestros hijos no sólo necesitan «calidad de tiempo», sino también «cantidad de tiempo».

Entonces, trata de encontrar maneras «creativas» de aportar ingresos a la casa, intentando mantener en la mayor medida posible el balance emocional de la familia. Recuerda que nuestros hijos y nuestra relación de pareja son mucho más importantes que la casa donde vivimos, el auto que manejamos o la ropa que vestimos.

Muchos de los latinos que nos hemos mudado a Estados Unidos estamos sacrificando las cosas trascendentes de la vida sobre el altar de lo intrascendente.

Debemos recordar que el tiempo que pasamos con nuestros hijos y con nuestra familia es más importante que la acumulación de bienes materiales o un mejor futuro económico.

Por otro lado, la mejor manera de darse un aumento de sueldo es reduciendo los gastos. Para eso, vuelve a revisar el plan de control de gastos y toma decisiones con tu pareja (¡muy importante!) sobre las áreas en las que se deben recortar los gastos para incrementar la cantidad de dinero que queda al final del mes.

Te proporciono, nuevamente, la lista de categorías para que hagan los ajustes que sean necesarios:

Nuevo pacto para nuestros gastos:

Transporte: _____

Vivienda: _____

Comida: _____

Ahorros: _____

Deudas: _____

Entretenimiento: _____

Vestimenta: _____

Gastos de salud: _____

Seguros: _____

Gastos varios: _____

Categorías extra: _____

Total de gastos: _____

* * *

Entradas   _____

(menos)   –

Gastos: _____

* * *

Dinero «extra» que nos queda para pagar deudas: _____

Aplica un «plan para pagar deudas»

Ahora ha llegado el momento esperado por todos nosotros: el aprender a aplicar un plan para salir de las deudas que nos ahogan.

En esta última sección voy a dar una serie de consejos prácticos para establecer un plan y salir de las deudas que tienes encima. Si integras a tu vida los principios y valores que te enseñé en este libro y sigues estos consejos, podrás organizarte personalmente y posicionarte con tus acreedores de tal manera que te será mucho más fácil salir de las deudas que te acosan.

Mi esposa y yo lo hicimos allá en los años noventa, y tú también lo puedes hacer el día de hoy en tu propia vida. Aquí van, entonces, algunas sugerencias prácticas para salir del pozo (aunque no sea demasiado profundo):

1. **Sé honesto, transparente y mantén la comunicación abierta**
Necesitas mantener una comunicación honesta y abierta con tus acreedores. No mientas. Sé honesto. No ensucies tu nombre y tu reputación por dinero. Pregúntate: «¿Cuánto vale mi honor? ¿Un millón de dólares? ¿Dos?»

Recuerda que los acreedores del mundo tienen algo en común: *todos quieren cobrar sus préstamos.* Trata a los demás como quisieras que te trataran a ti.

Si uno de tus deudores estuviera en problemas para pagarte el dinero que con tanto esfuerzo ganaste e invertiste en prestarle, ¿no quisieras que te dijera toda la verdad y te diera una idea clara y honesta de su capacidad de pago? Haz lo mismo.

2. **Evalúa tu situación de deudas**
Escribe en la planilla que te he preparado en la siguiente hoja todos los datos correspondientes a tus deudas. En algunos casos puede que las cantidades de dinero que debes estén divididas en dos: un grupo de deudas mayores y otro de deudas menores. Agrupa tus deudas de acuerdo a la cantidad total que debes. Sepáralas en esos dos grupos (si los tienes); y finalmente, dentro de cada grupo, ordena tus deudas de acuerdo a los intereses que estás pagando. De mayor cantidad de intereses a menor.

Aquí hay un ejemplo. Total de deudas: $118,220.00, incluyendo la hipoteca de la casa.

Primero (en una hoja aparte), agrupamos las deudas de acuerdo a la cantidad que debemos.

Nombre de la deuda	Contacto y número de teléfono	Cantidad que todavía debo	Cuota o pago mensual	Interés que me están cobrando	Notas
Casa	Banco Dolor 998-8776	$98,000	$700	8.25%	
Auto	Banco Auto 234-5678	$12,800	$324	9.50%	
Tarjeta	Master-Tuyo 123-4567	$3,570	$125	18.50%	
Tarjeta	Carta-Negra 887-7655	$2,200	$80	23.50%	
Préstamo papá		$650	$25		Le pagamos de interés sólo lo que haya de inflación
TV / Sonido	Barato y Fiado 456-7890	$560	$20	16.00%	
Clínica	Matasanos, Inc 112-2334	$440	$20	12.00%	

Segundo (en la planilla), ordenamos de acuerdo a los intereses *dentro de cada grupo*.

Nombre de la deuda	Contacto y número de teléfono	Cantidad que todavía debo	Cuota o pago mensual	Interés que me están cobrando	Notas
Tarjeta	Carta-Negra 887-7655	$2,200	$80	23.50%	

Nombre de la deuda	Contacto y número de teléfono	Cantidad que todavía debo	Cuota o pago mensual	Interés que me están cobrando	Notas
Tarjeta	Master-Tuyo 123-4567	$3,570	$125	18.50%	
Auto	Banco Auto 234-5678	$12,800	$324	9.50%	
Casa	Banco Dolor 998-8776	$98.000	$700	8.25%	
TV / Sonido	Barato y Fiado 456-7890	$560	$20	16.00%	
Clínica	Matasanos, Inc 112-2334	$440	$20	12.00%	
Préstamo papá		$650	$25		Le pagamos de interés sólo lo que haya de inflación

Ahora es tu turno (usa una hoja aparte para el primer paso):

Nombre de la deuda	Contacto y número de teléfono	Cantidad que todavía debo	Cuota o pago mensual	Interés que me están cobrando	Notas

Nombre de la deuda	Contacto y número de teléfono	Cantidad que todavía debo	Cuota o pago mensual	Interés que me están cobrando	Notas

3. Paga un poco a cada acreedor

Si, por alguna razón, no puedes pagar por lo menos el mínimo, escribe una carta a tus acreedores y proponles un plan de pago.

a. Asegúrales que eres un hombre o mujer de palabra y que quieres pagarles todo lo que les debes (aunque te tome el resto de la vida).

b. Muéstrales tu plan de control de gastos. Comparte con ellos tus entradas y tus salidas. Muéstrales los cambios que estás haciendo con el fin de que te quede dinero extra para poder pagar las deudas.

c. Muéstrales también en un papel todos los activos que tienes (casa, auto, cosas que se puedan vender para saldar la deuda).

d. Muéstrales una copia de la planilla que acabamos de rellenar.

e. Finalmente, proponles un plan de pagos, trata de negociar la reducción o eliminación de intereses o del capital adeudado.

Te sorprenderás del tipo de arreglos a los que dos personas (una deudora y otra acreedora) pueden llegar si las dos quieren realmente encontrar la forma en la que las deudas queden saldadas como se debe.

4. Usa el excedente del presupuesto para hacer pagos «extra»

Ahora que tienes un presupuesto y sabes cuánto dinero extra te puede quedar a fin de mes, concéntrate en pagar primero las deudas más pequeñas. Sé que muchos asesores aconsejarán concentrarse en las de mayor interés primero; en nuestro ejemplo, concentrarse en pagar la tarjeta «Carta-Negra» (23.50%).

Sin embargo, a mí me gusta recomendar a mis amigos que empiecen a concentrarse en pagar primero las deudas que están en el grupo de deudas más pequeñas. ¿La razón? Cuando uno termina de pagar su primera deuda, eso genera un impacto sicológico positivo. Uno puede ver la luz al final del túnel. Eso te va a animar a seguir adelante. Mientras que si el pago de mayor interés también tiene una gran cantidad de deuda, puede que te desanimes en el camino.

Entonces, en nuestro caso, suponiendo que te quedaran unos cincuenta dólares «extra» cada mes, además del dinero para pagar, por lo menos, los intereses de las tarjetas de crédito, mi sugerencia es que uno debería concentrarse en la deuda de «TV/Sonido» y en vez de pagar veinte dólares, sumarle los cincuenta y pagar setenta.

Vamos a suponer, también, que estás pagando cada mes todos los intereses de las tarjetas de crédito y sólo estamos trabajando con el capital que les debes (eso va a hacer nuestros cálculos mucho más fáciles). A los efectos de esta demostración, realmente, no creo que marque la diferencia.

Entonces, ¿cómo se verían esos pagos?

Deuda	Mes 1	Mes 2	3	4	5	6	7	8	9
Carta-Negra	80	80	80	80	80	80	80	80	
Master-tuyo	125	125	125	125	125	125	125	125	
Banco Auto	324	324	324	324	324	324	324	324	
Banco Dolor	700	700	700	700	700	700	700	700	
Barato fiado	$70	$70	$70	$70	$70	$70	$70	**$70**	
Matasanos	20	20	20	20	20	20	20	20	
Papá	25	25	25	25	25	25	25	25	
	1.344	1.344	1.344	1.344	1.344	1.344	1.344	1.344	

Último pago

5. **Comienza el efecto acumulativo «bola de nieve»**

Cuando termines de pagar tu primera deuda, no toques ese dinero que ahora te queda «libre», sino aplica ese pago que ahora no debes hacer más a «TV/Sonido» a la segunda deuda que habrás de liquidar: Clínica Matasanos, Inc.

De esa manera, ahora suma a los veinte dólares que estabas pagando, los setenta que ya no pagas a «TV/Sonido» y ahora empiezas a pagar noventa. Cuando termines con «Clínica Matasanos» tomarás todo ese dinero ($90) y lo sumarás al dinero que se está pagando en la siguiente deuda que quieres eliminar (Préstamo Papá). Luego, cuando terminas con «Préstamo Papá» te mueves al grupo de las «deudas mayores» y *empiezas con el interés más alto.*

¿Te vas dando cuenta de cómo tus pagos comienzan a acelerarse rápidamente? Es como una bola de nieve: primero comienza pequeñita, pero con el correr del tiempo aumenta increíblemente su tamaño porque va «absorbiendo» los pagos anteriores.

Permíteme recordarte la situación actual, para no perderte en el camino:

Nombre de la deuda	Contacto y número de teléfono	Cantidad que has pagado	Cantidad que todavía debo	Cuota o pago mensual	Interés que me están cobrando	Notas
Tarjeta	Carta-Negra 887-7655	$640	$1,560	$80	23.50%	
Tarjeta	Master-Tuyo 123-4567	$1,000	$2,570	$125	18.50%	
Auto	Banco Auto 234-5678	$2,592	$10,208	$324	9.50%	
Casa	Banco Dolor 998-8776	$5,600	$92,400	$700	8.25%	
TV / Sonido	Barato y Fiado 456-7890	$560	$0		16.00%	
Clínica	Matasanos, Inc 112-2334	$160	$280	$20	12.00%	
Préstamo papá		$200	$450	$25		Le pagamos de interés sólo lo que haya de inflación

Entonces, continuamos con los pagos, a partir del mes número nueve:

Deuda	Mes 9	Mes 10	11	12	13	14	15	16	17
Carta-Negra	80	80	80	80	80	80	155	195	195
Master-tuyo	125	125	125	125	125	125	125	125	125
Banco Auto	324	324	324	324	324	324	324	324	324
Banco Dolor	700	700	700	700	700	700	700	700	700
Barato fiado	Pagado	Pagado	Pagado	Pagado	Pagado	Pagado	Pagado	Pagado	Pagado
Matasanos	90	90	90	**10**	Pagado	Pagado	Pagado	Pagado	Pagado
Papá	25	25	25	105	115	115	**40**	Pagado	Pagado
	1,344	1,344	1,344	1,344	1,344	1,344	1,344	1,344	1,344

Presta atención:

En la semana 12 pagamos los diez dólares que nos quedaban a la clínica y sumamos los otros ochenta a la cantidad que estábamos pagando para el «Préstamo Papá». En el mes 15 hicimos lo mismo con el «Préstamo Papá»: pagamos los cuarenta dólares que nos quedaban, y sumamos los otros setenta y cinco al pago de la tarjeta «Carta-Negra». Entonces, después de 17 meses de pago acumulado, esta es nuestra situación financiera:

Nombre de la deuda	Contacto y número de teléfono	Cantidad que has pagado	Cantidad que todavía debo	Cuota o pago mensual	Interés que me están cobrando	Notas
Tarjeta	Carta-Negra 887-7655	$1,470	$730	$195	23.50%	
Tarjeta	Master-Tuyo 123-4567	$2,125	$1,445	$125	18.50%	
Auto	Banco Auto 234-5678	$5,508	$7,292	$324	9.50%	
Casa	Banco Dolor 998-8776	$11,900	$86,100	$700	8.25%	

TV / Sonido	Barato y Fiado 456-7890	$560	Pagado		16.00%	
Clínica	Matasanos, Inc 112-2334	$440	Pagado		12.00%	
Préstamo papá		$650	Pagado			Le pagamos de interés sólo lo que haya de inflación

¿Qué pasa, entonces, en los próximos nueve meses, a partir del mes 18?

Deuda	Mes 18	Mes 19	20	21	22	23	24	25	26
Carta-Negra	195	195	195	**145**	Pagado	Pagado	Pagado	Pagado	Pagado
Master-tuyo	125	125	125	175	320	320	**255**	Pagado	Pagado
Banco Auto	324	324	324	324	324	324	389	644	644
Banco Dolor	700	700	700	700	700	700	700	700	700
Barato fiado	Pagado	Pagado	Pagado	Pagado	Pagado	Pagado	Pagado	Pagado	Pagado
Matasanos	Pagado	Pagado	Pagado	Pagado	Pagado	Pagado	Pagado	Pagado	Pagado
Papá	Pagado	Pagado	Pagado	Pagado	Pagado	Pagado	Pagado	Pagado	Pagado
	1,344	1,344	1,344	1,344	1,344	1,344	1,344	1,344	1,344

Al final de un poco más de dos años de trabajo, perseverancia y dominio propio, finalmente hemos reducido nuestras deudas a las dos de más tamaño: el auto y la casa. En menos de diez meses más (justo al final de los tres años de planeamiento), seremos libres de todas las deudas, excepto la de la casa. Hemos reducido el monto de las deudas de $118,220 a un poco menos de $73,000, quedándonos sólo con la hipoteca de la casa. Y si continuamos pagando a este ritmo, ¡pagaremos la hipoteca de la casa en solamente seis años más!

6. Comprométete a vivir una vida libre de deudas

No es fácil vivir una vida sin deudas en una sociedad latinoamericana que marcha hacia la integración económica y hacia el crecimiento económico a través del consumo de bienes y servicios.

Por otra parte, también sentimos la presión de que ahora, gracias a que podemos pagar las cosas a crédito, podemos obtener cosas que nos hubiera llevado *años* conseguir en el pasado.

Mi palabra, en este caso, es una palabra de precaución. Como dijimos antes, no está mal pedir prestado y, en algunos casos, uno puede encontrar programas gubernamentales que nos permiten acceder a una casa digna con un pago mensual realmente bajo. Ya hemos discutido anteriormente los principios a tener en cuenta en el momento de tomar un préstamo.

Sin embargo, creo que no está mal repetir, una vez más, que cuando hablamos de pagar intereses: «El que paga, pierde».

Aprendamos a ejercer el dominio propio que, con el correr de la larga carrera de la vida, siempre ha demostrado dejarnos con la mayor cantidad de dinero en el bolsillo.

Acerca del autor

El doctor Andrés G. Panasiuk tiene un diploma en Comunicación Social, una licenciatura en Comunicación Interpersonal y de Grupo, y un doctorado en Divinidades honoris causa recibido en la República de India. Él es un reconocido conferencista internacional en temas familiares y sociales.

Creó una organización que orientara a los latinos sobre el manejo adecuado del dinero.

Andrés es el anfitrión de dos programas radiales que salen al aire en más de 900 emisoras en 19 países y es el autor de varios libros los cuales han sido nominados por la Asociación de Publicadores Hispanos para diferentes premios: *¿Cómo llego a fin de mes?* (Galardonado como el «Mejor Libro Original del año 2000»), *¿Cómo salgo de mis deudas?*, *¿Cómo compro inteligentemente?* También produjo la serie de videos «Finanzas Familiares» donde dicta 10 lecciones sobre el tema. El doctor Andrés Panasiuk es el fundador y presidente del Instituto para la Cultura Financiera.

Notas

Introducción: Los Pergaminos de Damasco
1. Ciudad ubicada en lo que hoy día es el país de Marruecos.
2. Plural de *dhimmi*, nombre que los musulmanes aplicaban a los cristianos y judíos por tener las mismas raíces religiosas. Los *dhimmi* tenían menos derechos que los musulmanes, pero más derechos y protección que otros no musulmanes. Ver: http://i-cias.com/e.o/dhimmi.htm.

Pergamino Primero: La ley del corazón infeliz
1. De dominio público.
2. Adaptado de varias fuentes: www.nomad4ever.com/2007/07/09/10-things-money-cannot-buy; y www.1000advices.com/guru/fin_chinese_proverbs.html.

Pergamino Segundo: La ley del alma impaciente
1. Ver 1 Pedro, 1.24, 25: «La hierba se seca y la flor se cae, pero la palabra del Señor permanece para siempre» (esto, probablemente citando el famoso pasaje del profeta en Isaías 40.8). Ver también Santiago 1.10-11.
2. Paráfrasis de Proverbios 21.5 (literatura sapiencial, rey Salomón, siglo X A.C.).
3. Para ser exactos: 4,294,967,295 (4 mil millones, 294 millones, 967 mil 295 denarios). Calculado de: http://mathforum.org/~sanders/geometry/GP11Fable.html y de: http://www.averypickford.com/Third/salt.htm.
4. Probablemente citando al famoso Confucio, filósofo y maestro chino, años 551-479 A.C.
5. Persius, poeta romano, 34-62 A.D. http://www.quotegarden.com/perseverance.html.
6. Andrés Panasiuk, *¿Cómo compro inteligentemente?* (Nashville, TN: Grupo Nelson, 2003).

Pergamino Tercero: La ley del espíritu independiente

1. Ver Proverbios 27.6.
2. Ver Proverbios 24.6.
3. Ver Éxodo 20.12 (segundo libro de Moisés, libros de la ley [o Torá], siglo XV A.C.).
4. Ver Levítico 20.27 (tercer libro de Moisés, libros de la ley [o Torá], siglo XV A.C.).

Pergamino Cuarto: La ley de una mente desorganizada

1. Ver Proverbios 27.23, 24.
2. Cynthia Kersey, Unstoppable (Naperville, IL: Sourcebooks, Inc., 1998), pp. 139-43 [(Nada me detendrá (México: Selector S.A. de C.U., 2000)].

Pergamino Quinto: La ley de la siembra y la cosecha

1. Ver Gálatas 6.7 (San Pablo, año 30-40 A.D.).
2. Tomada y adaptada por el autor de www.ewtn.com/Spanish/prayers/sfrancisco.htm.

Pergamino Sexto: La ley de las manos productivas

1. http://www.princeton.edu/~batke/itl/denise/right.htm.
2. Para el trasfondo filosófico de estas ideas, ver anexo 2: «Paradojas para el éxito».
3. En Transnationalism: Diasporas and the Advent of a New (Dis)order (The Netherlands: Brill, 2009), Eliezer Ben-Rafael y Yitzhak Sternberg (p. 51) explican que Galuth se refiere a la situación en la que vivían los judíos que se habían mudado voluntariamente a otras tierras. Golah se refiere a la situación en la que vivían los judíos que habían sido expulsados de su tierra natal forzadamente.

Pergamino Séptimo: La ley del corazón humilde

1. Sagrado séptimo día de la semana judía.
2. Adaptado por el autor de una respuesta escrita por Marysol Pereyra, historia contada en un blog de Yahoo en español, sección de preguntas sobre religión y espiritualidad; 26 agosto 2006, http://espanol.answers.yahoo.com/question/index?qid=20060822232705AAosglu.

Pergamino Octavo: La ley del alma arrepentida y los labios que confiesan
1. Lucas 6.45, siglo I A.D.
2. Historia imaginaria adaptada del libro *Stories for the Heart*, compilado por Alice Gray (Sisters, OR: Multnomah, 1996), pp. 207-208.
3. Vea Santiago 1.2-4.

Pergamino Décimo: La ley universal de la elección
1. http://www.sacred-destinations.com/syria/damascus-straight-street-via-recta. htm.
2. Stephen R. Covey, *The 7 Habits of Highly Effective People* (Nueva York: Simon & Shuster, 1990), pp. 69-70 [*Los 7 hábitos de la gente altamente efectiva* (Barcelona: Paidós Ibérica, 1996)].

Anexo 1: Plan de control de gastos
1. Un cálculo muy general realizado con http://us.thesalarycalculator.co.uk/ salary.php. El cálculo consideró a la pareja casada, rellenando juntos sus impuestos, con dos dependientes y una donación para su comunidad de fe de unos $300 por mes.
2. Thomas J. Stanley y William Danko, *The Millionaire Next Door* (Nueva York: Pocket Books, 1996), p. 257 [*El millonario de al lado* (Buenos Aires: Atlántida, 1998)].
3. Doménica Velásquez, *Diario Prensa Libre*, 20 octubre 1999, p. 17 (Fuente: Instituto Nacional de Estadística, INE).
4. Esta es una referencia a la famosa historia de José en Egipto. Véase Génesis 41.
5. Esta es una referencia a un proverbio de Salomón, Proverbios 6.6-8.

Anexo 3: Plan para salir de deudas
1. Tomado de Andrés G. Panasiuk, *¿Cómo salgo de mis deudas?* (Nashville, TN: Grupo Nelson, 2003), pp. 95-109.
2. Abraham Maslow, http://www.abraham-maslow.com/m_motivation/ Hierarchy_of_Needs.asp.